B to B 电子商务中多属性依赖的双边谈判模型研究

王高飞　李　梅　著

哈爾濱工業大學出版社

内容简介

本书在现有多属性谈判理论研究的基础上，构建了 B to B 电子商务中多属性依赖的双边谈判模型，给出直接求解的混合智能算法；通过放松协调人公正性假设，进一步构建了具有谈判人私有信息保护的多属性依赖双边谈判模型；并通过计算机仿真技术验证了模型及算法的正确性与有效性。本书考虑到 B to B 电子商务中多属性依赖谈判在应用性、私有信息保护、复杂度与可拓展性等方面的要求，为电子商务中的多属性谈判提供了新的研究思路。

本书内容涉及电子商务、谈判理论和智能计算等多个研究领域。本书可供系统工程、管理工程、商务智能等领域教学科研人员和工程技术人员以及相关专业的研究生和高年级学生阅读。

图书在版编目(CIP)数据

B to B 电子商务中多属性依赖的双边谈判模型研究/王高飞，李梅著. —哈尔滨：哈尔滨工业大学出版社，2018.6

ISBN 978－7－5603－7519－9

Ⅰ.①B… Ⅱ.①王… ②李… Ⅲ.①电子商务-贸易谈判-研究 Ⅳ.①F713.36②F740.41

中国版本图书馆 CIP 数据核字(2018)第 152135 号

策划编辑 杨秀华
责任编辑 丁桂焱 李 鹏
封面设计 刘长友
出版发行 哈尔滨工业大学出版社
社 址 哈尔滨市南岗区复华四道街 10 号 邮编 150006
传 真 0451－86414749
网 址 http://hitpress.hit.edu.cn
印 刷 哈尔滨圣铂印刷有限公司
开 本 787mm×960mm 1/16 印张 7.5 字数 146 千字
版 次 2018 年 6 月第 1 版 2018 年 6 月第 1 次印刷
书 号 ISBN 978－7－5603－7519－9
定 价 45.00 元

前　　言

在网络经济环境下，B to B 电子商务给企业的销售和采购搭建了全新的平台，而企业间的商务谈判是 B to B 电子商务环境下的一项重要决策活动，它是整个 B to B 电子商务的核心。随着网络技术的快速发展，企业间多属性（多议题）网上谈判得到了广泛研究。然而在现有多属性谈判的研究中，对谈判中多个属性明确或隐含地设定属性间相互独立、谈判的效用函数符合线性函数特点。而在实际谈判过程中，谈判的各属性间往往存在依赖关系，效用函数呈现非线性特点。近期，谈判领域专家对于企业间多属性依赖谈判的研究越来越关注，多属性依赖谈判在谈判领域已经成为研究的热点问题。在多属性依赖的谈判研究中，其模型及求解算法是难点问题。相关研究从不同角度，对多属性依赖谈判运用多种技术进行了研究。但由于模型及求解算法问题的复杂性，现有方法仍受到诸如应用性、私有信息保护、复杂度与可拓展性等方面的制约。同时，随着国际电子商务范围和规模的不断扩大，我国更是处在一个重要的战略机遇期，迫切需要深入研究电子商务谈判相关理论与优化方法，迫切需要研制和开发面向电子商务的、满足市场实际需求的、更安全有效的网上谈判支持系统。因此，进一步挖掘企业间电子商务谈判环节中的效益，使多属性谈判理论向着符合企业实际谈判的期望发展，放宽原有谈判模型的约束条件，研究接近企业现实谈判的多属性依赖谈判模型及算法成为十分迫切的命题。

本书在现有多属性依赖谈判理论研究的基础上，采用协调人谈判机制，运用混合智能计算技术构建了 B to B 电子商务中多属性依赖的双边谈判模型，给出直接求解的混合智能算法；通过放松协调人公正性假设，进一步构建了具有谈判人私有信息保护的多属性依赖双边谈判模型；最终通过计算机仿真技术验证了模型及算法的正确性与有效性。

本书对非线性效用函数的确定方法与表示进行了研究。在企业间多属性依赖谈判中，由于依赖关系的存在，企业谈判双方的效用函数表现为复杂的非线性效用函数。因此，如何确定非线性效用函数以及效用函数能否正确表达成为十分关键的问题。本书分别运用模糊系统与广义动态模糊神经网络方法进行非线性函数的逼近及替代。

本书在前人非线性效用函数研究的基础上，构建了基于 B to B 电子商务的多属性依赖双边谈判一般模型，给出了混合智能求解方法，克服了原有模型的部分局限性；并通过构建价格与质量双属性依赖的非线性效用函数，运用 Matlab 对谈判模型进行仿真,验证方法的正确性与有效性。

在现有模型基础上,本书选取了基于协调人的谈判机制。从信息安全性的角度,采用智能计算技术,运用分布式计算结构,构建 B to B 电子商务中谈判人私有信息保护的多属性依赖双边谈判模型。在谈判模型研究的基础上,分析与设计 B to B 电子商务的多属性依赖双边谈判支持系统原型,充分考虑谈判的适用技术与谈判支持系统的应用性,为 B to B 电子商务中的多属性依赖双边谈判系统研究提供借鉴。

全书共 6 章内容:第 1 章为绪论;第 2 章为多属性依赖双边谈判相关理论;第 3 章介绍了基于混合智能算法的双边谈判模型;第 4 章介绍了私有信息保护的协调人双边谈判模型;第 5 章为 B to B 电子商务中多属性依赖双边谈判支持系统原型设计与实现;第 6 章为多属性依赖谈判模型的拓展研究。

在撰写本书的过程中,作者参考了国内外的一些论著,在此向相关学者表示感谢。

本书是在陈培友教授指导下完成的,相关的研究得到了国家自然科学基金(71540019)与黑龙江省自然科学基金(G2015003)的支持,在此一并表示衷心感谢!

作　者

2018 年 3 月

目 录

第1章　绪　论

1.1　研究的背景及问题的提出

1.1.1　研究的背景

伴随着计算机技术、网络技术的快速兴起与发展，电子商务得到了广泛、迅速的发展。而作为电子商务主体的 B to B 电子商务发展更为迅猛，在整个电子商务市场中，其交易额一直占据首位。由《2017 年度中国电子商务市场数据监测报告》（中国电子商务研究中心发布）显示，在2017年，中国电子商务的交易额仅在上半年就达到了13.35万亿元，而B to B电子商务交易市场表现突出，交易额达到9.8万亿元，占全部电子商务交易额的73.4%，比2016年增长了24%。随着行业本身渗透率的提升和物流、现金流等外在制约条件的改善，行业具有光明的前景。

同时，基于网络经济，企业的同类产品价格越来越透明，竞争日趋激烈，产品的利润空间不断下降，这迫使企业不得不在经营的各环节中想方设法地增加产品收益并同时降低成本。B to B 电子市场的发展迎合了企业发展的需要，为企业竞争力进一步提升构建了网络交易平台。企业通过 B to B 电子商务进行交易，节省了经营成本、拓展了营销渠道与手段，成为企业谋求生存与进一步发展的新的机遇。但与电子商务快速发展、企业参与交易迫切需求不相适应的是，电子商务的理论研究相对滞后，新技术的引入与电子商务中的实际应用还存在一定距离。在电子商务理论研究中，电子商务交易模式是电子商务理论研究的核心内容之一，也是最具挑战性的研究领域之一。目前，电子商务交易模式及其应用的相关研究，主要集中在在线招投标、网上拍卖以及电子谈判等研究领域。而电子谈判具有很大的灵活性和交互性，所以在电子商务交易模式研究中越来越受到研究者的关注。

1.1.2　问题的提出

商务谈判是 B to B 电子市场环境下一种重要的决策活动，它是整个企业间电子商务的核心。谈判各方利用各自的谈判经验、偏好和谈判技巧进行谈判，使得本方在谈判过程中处于有利的地位，实现利益的最大化。互联网技术的应用使企业现行的货品采购、定价、销售方式都有了革命性的突破。由于多属性（多议题）谈判更符合谈判实际，因此近年来企业间电子商务中的多属性网上谈判得到了广泛研究并展现出广阔的应用前景。但在大量文献中，明确或隐含地设定多个属性相互独立,效用函数符合线性要求等假设。而在现实谈判中,多属性谈判却复杂得多,实际谈判过程中各属性间往往存在依赖关系,一个属性值的选择将取决于其他属性值的情况。例如,当汽车设计者设计汽车时,汽化器的价格取决于所选的发动机。在购买商品时,购买的数量也会影响到商品的价格。这些相互依赖的关系将使谈判代理(Agents)的效用函数复杂化,使效用函数呈现为非线性。为了避免这种复杂性,大多数研究人员或者集中研究基于线性效用函数依次对每个属性进行谈判,或者假定完全信息和合作的 Agents。因此,在企业间的大多数多属性谈判研究工作里,非线性效用函数和不完全信息被忽略了。

对于 B to B 电子商务中多属性依赖的双边谈判,如果仍采用原有假设的谈判模型求解不但会降低谈判收益甚至使谈判失效,而且将产生一系列的副作用。例如,局部约束的破坏、局部交易的退化和重要属性的作用被埋没;在企业具有多属性依赖的多属性依赖谈判中,谈判存在囚徒困境问题;在顺序谈判的研究中谈判忽略了属性间的依赖关系等。在企业多属性谈判中,一方面是人们对符合实际要求的多属性谈判需求,另一方面是这种依赖关系增加了多属性谈判问题的复杂性,导致理论研究相对滞后,特别是缺少有效的谈判模型与求解方法。因此,为适应企业间多属性谈判提出的这种新的要求,必须建立符合多属性依赖特点的新的、有效的 B to B 电子商务谈判模型。

综上所述,谈判是电子商务中一个十分重要而又独具特色的领域,而多属性电子谈判是近年发展起来的人工智能(AI)技术与多属性决策理论结合的新方法。因此选择更符合企业谈判实际的"B to B 电子商务中多属性依赖的双边谈判模型研究"作为研究选题,既有重要的理论意义又有一定的实际应用价值。

1.2 研究的目的及意义

1.2.1 研究的目的

作为接近企业实际谈判要求的网上多属性依赖谈判,因其有着广泛的应用前景而成为一个十分重要的研究领域,随着电子商务的快速发展,多属性依赖的谈判建模与求解问题必将会越来越引起更多学者的关注。本书旨在在电子商务多属性谈判理论与方法系统研究的基础上,提出更符合企业电子谈判实际的多属性依赖双边谈判模型,以期达到如下目的:

1. 为 B to B 电子商务中的多属性依赖双边谈判提供理论支持

互联网的引入使原来看来不可能的商务谈判方式得以实现,谈判双方企业可以同时就商品或服务的多个属性进行谈判,并且考虑到多个属性间存在一定的依赖关系,使得效用函数具有复杂的非线性函数特征,从而改变了原有的谈判假设,形成多属性依赖的双边谈判。多属性依赖双边谈判模型研究是具有复杂依赖关系的多属性谈判研究的理论基础，为 B to B 电子商务中的多属性依赖谈判实际应用提供理论支持。

2. 为 B to B 电子商务中的多属性依赖双边谈判提供有效求解算法

由于考虑谈判双方多属性依赖关系，谈判方案的求解变为非线性优化问题，因此需要应用与以往不同的新的谈判技术来求解此类问题。由于多属性构成的非线性效用空间形成的可行解十分巨大，因此如何在有效时间内搜索可行解空间获得近似最优解成为谈判求解的难点。本书的研究拟为电子商务中的多属性依赖双边谈判提供有效求解算法。

3. 为参与谈判的各方采用多属性依赖双边谈判方式提供有益借鉴

B to B 电子商务中的多属性依赖双边谈判是对电子商务中的原有多属性谈判研究的改进和完善，具有其自身的规律与特点。参与谈判的双方或第三方（协调人或谈判平台）依据新的约束条件及要求进行改变，对于新的谈判模型与方法的理解和操作要有所依据。本书的研究拟为参与谈判的各方采用新的谈判技术提供有益借鉴。

4. 促进多属性依赖双边谈判在 B to B 电子商务中的实际应用

多属性依赖双边谈判是多属性谈判中较前沿的研究领域，相关研究多处于理论探讨阶段，在应用性、安全性上与谈判实际要求还存在一定差距。本书的研究旨在降低原有方法在应用性、私有信息保护、复杂性等方面的约束，提高多属性依赖谈判在电子商务中的实际应用价值。

1.2.2　研究的意义

1. 理论意义

（1）本书的研究是对电子商务中多属性谈判理论研究的改进和完善。

在理论研究方面，电子商务中多属性依赖谈判模型研究是现在国内外研究的前沿课题。目前对于电子商务多属性谈判理论在实际中的应用已经开始，但这些理论的应用仅在较小范围内实行，并且与实际预期的效果相比，还存在一定的差距。分析其原因有两个：第一，当前的谈判模型主要以属性独立、线性假设为主，不符合实际谈判情况，对谈判双方的谈判造成很大限制，所以在实际应用中很难推广；第二，目前谈判模型的相对不成熟与多样性对多属性谈判应用也造成了限制。例如，谈判双方的私有信息保护的研究相对滞后。面向 B to B 电子商务的多属性依赖谈判模型的研究是对电子商务中的多属性谈判理论的丰富与完善。

（2）丰富和创新多属性谈判模型。

基于 B to B 电子商务中多属性依赖双边谈判自身的特点，本书提出了新的谈判模型来增加其在 B to B 电子商务中的应用性、安全性并降低其求解的复杂度；而且考虑了将其拓展到多对多谈判的可拓展性要求，是对多属性谈判模型的丰富与创新。同时，本书提出的混合智能算法在谈判领域的文献中并未有过相关报道，是一种应用创新。

(3) 丰富和创新多属性谈判的求解算法。

一方面,由于问题的复杂性,如何在有限时间内求解到理想的谈判方案成为模型的瓶颈;另一方面,如何在计算过程中尽量保护谈判双方的私有信息也是求解中的难点。本书引入混合智能求解算法为多属性谈判的求解增添新的内容。

2. 实际意义

(1) 提高 B to B 电子商务参与双方企业的谈判效率与效益。

相关研究表明滞后出价与时间终止前出价降低了谈判效率,而讨价 — 还价模式对于具有多属性依赖的谈判输出效率很低,已不适用。对于具有依赖关系的多属性谈判,双方如果仍使用传统谈判技术进行谈判可能错过谈判双方的 Pareto 最优解,使谈判双方收益下降。本书提出新的谈判模型与求解方法,在提高谈判效率与谈判双方的收益方面进行了尝试。

(2) 为谈判企业提供具有依赖关系的多属性双边谈判支持平台。

本书在企业多属性依赖双边谈判模型研究的基础上,提供企业多属性依赖的双边谈判支持系统原型,从而为企业开发具有依赖关系的多属性双边谈判支持系统提供有益的借鉴。

(3) 提供更符合 B to B 电子商务市场需求的新的电子谈判方式。

通过对多属性依赖双边谈判模型的理论探讨与求解算法的阐述,企业在 B to B 电子商务谈判中可以选择符合自己真实效用的多属性谈判方式,以提高谈判效率与收益,满足谈判双方对多属性谈判提出的新需求。

总之,本书的研究力图促进 B to B 电子商务中多属性谈判理论进一步与实际应用相结合,试图促进 B to B 电子商务多属性依赖双边谈判在更大范围内推广实行。B to B 电子商务多属性依赖的双边谈判模型研究有助于满足电子市场的进一步实际需求,有助于谈判双方取得更大的经济效益与社会效益。此外,随着在国际范围内电子商务规模的不断扩大,我国面临一个重要的电子商务战略机遇期,迫切需要深入研究电子商务谈判相关理论与优化方法,迫切需要研究和开发面向电子商务的、满足市场需求的、更有效率的网上谈判系统。而 B to B 电子商务中多属性依赖双边谈判模型是该研究的基础与核心。所以本书的研究既有重要的理论意义又有一定的实际应用价值。

1.3 国内外研究现状综述

1.3.1 B to B 电子商务与交易模式

1. 电子商务与 B to B 电子商务

(1) 电子商务。

电子商务(E-commerce),从最宽泛的角度进行的定义是:通过利用信息技术而进行的与企业业务运作相关的各类活动的总称。20世纪60年代,EFT(资金电子化转账)、EDI(电子数据交换)等专用网络信息技术在商务活动中的应用代表了早期电子商务的出现。20世纪90年代,也就是在EDI等技术实际使用了30年之后,电子商务的概念才正式提出。究其原因,是由于在网络技术日益成熟并在整个社会逐渐普及的过程中,原本相当昂贵的通信技术成本逐步降低,大多数企业才有可能采用这种先进的信息技术对商务活动进行支持。在电子商务的发展历程中,其定义出现过多种:Kalakota提出,电子商务是通过借助通信技术的各类网络传递信息、产品和服务,实现业务流程与活动的自动化过程;Turban认为,电子商务是产品和服务的交易过程,并且这种过程是通过计算机网络完成的;Weill指出,电子商务是以信息技术替代手工处理的业务活动方式,通常企业利用互联网执行业务流程。

从上述的定义可见,不同的定义从不同的侧重面表达了不同的内涵。从一般意义上讲,电子商务不应局限于互联网技术,电子商务的概念可以扩展到如EDI等传统信息技术的业务信息系统,甚至可以泛化到普通的办公自动化系统。在广义上,电子商务的定义存在争议,近期电子商务的定义是以互联网为基础,实现企业对业务活动的支持与创新的狭义的电子商务概念。因此在本书中,采用与文献[15]的定义比较一致的狭义的电子商务定义:基于互联网技术的、支持商务活动用途的、具有专门的信息系统实现形式的商务活动。

(2)B to B电子商务。

即使是狭义的电子商务定义,其概念中所包含的应用类型也多种多样,难以一概而论。对电子商务的分类方法因研究问题、研究目的、研究视角以及研究者本身背景差异而有所不同。对电子商务的总体划分,最常见的一种是按照参与者角色身份划分,将电子商务概括为以下几类:企业与个人客户之间(B to C)、企业与企业之间(B to B)、企业与政府之间(B to G)等。严格来讲B to B、B to C、B to G之间并没有截然可分的区别,其他类型的电子商务都可以在某种程度上类比和抽象为B to B,因此研究B to B对于研究其他类型的电子商务均具有重要参考意义。B to B概念与B to C、B to G等其他类型电子商务概念的区分,仅仅是为了理论分析的方便。具体来说,其区别在于:B to B特指双方具有企业身份,尽管可能存在势力上的强弱差异,但B to B的参与者之间在势力上的不平衡,在通常意义下,应小于B to C或B to G的参与者之间势力对比的差异程度。为了聚焦研究对象的范围,本书的研究中并不考虑B to B与B to C、B to G的概念交叠、差异的模糊化问题,而仅采用常规的B to B定义。

企业与企业之间(B to B)电子商务,在本书的研究中指发生于企业之间的电子商务活动的总称。它需要具有如下基本要素:以公共开放网络技术(通常是互联网)为基础、进行企业业务活动、发生于企业组织之间、需要信息系统支持。B to B的参与者是指一般意义上的企业,既非政府,也非最终的个人消费者型客户。

B to B 电子商务在整个电子商务市场中一直占据首位。如前文所述，在 2017 年，电子商务的交易额仅在上半年就达到了 13.35 万亿元，而 B to B 电子商务交易市场表现突出，交易额达到 9.8 万亿元，占全部电子商务交易额的 73.4%，比上一年增长了 24%。但电子商务的发展还有许多制约因素，电子商务理论研究相对滞后就是其中主要约束之一。由于新技术的发展，传统的电子商务交易模式与电子商务发展已不相适应。需要对电子商务，特别是占电子商务主体的 B to B 电子商务交易模式进行深入研究。因此，符合实际需要的新的 B to B 电子商务交易模型研究成为电子商务中亟待解决的问题。

2. 电子商务交易模式

随着互联网技术和相关 Web 技术的发展，电子商务的交易模式产生了极大的变化，新技术的引入引发了电子商务新交易模式的研究热潮。对基于互联网的在线交易模型，许多国内外的专家学者进行了深入研究，并在网络环境中迁移传统商务交易模型方面取得了大量的研究成果，从而也不断促进了电子商务的发展和应用。近期，电子商务网络交易模式及其应用主要集中在在线招投标、网上拍卖以及电子谈判等领域。

（1）电子商务交易的传统模式。

① 基于 EDI 的票据交换模型。在电子商务发展的初期，基于 EDI 的单纯票据交换模型得到发展，EDI 的票据交换模型是以专用的增值网络（Value-Added Network，VAN）为基础，按公认数据标准进行数据（票据）交换，为贸易伙伴提供了一种交易手段。该模型是电子商务的重要基础，具有票据交易效率较高的优点，但由于其具有一般中小企业难以承担较高成本的缺点，因此限制了该模型的应用。另外，EDI 的票据交换模型的商务服务内容比较单一，也限制了它的应用范围。

② 基于定价或折价的交易信息发布模型。在 B to C 的电子商务模式之中，主要应用挂牌式定价或折价的交易模型，由于其实现技术与交易流程简单，因此该模型成为大多数商务网站目前所提供的交易方式。其基本原理与现实生活中的超市或以零售为主的大型商场的交易模式相类似，主要通过在交易平台上发布商品信息及其价格，并且为交易用户提供全面的用户注册、商品选购以及货款支付等辅助功能，通过邮寄或送货上门完成最终的交易。在整个交易过程中，购买方只能依据系统提供的商品价格进行交易，买方与卖方没有讨价还价等协商的过程，模型虽然使交易的复杂性得到降低，但不能完全满足大批量商品交易的实际需求。

（2）在线招投标。

招投标是指事先由招标人提出关于所要招标的货物、工程或者服务的条件与要求，必要数量的投标者应邀参加投标，招标人对交易对象依据法定程序进行选择的交易行为。从 Friedman 在 1956 年发表了第一篇具有开创性的文章以来，关于招投标理论的研究日益受到人们的重视。在文章中，Friedman 首次在研究招投标问题中引入了运筹学方法，后来的研究者在他的研究基础上做了大量工作。1979 年，

R. M. Stark和M. H. Rothkopf收集了相关研究文献约500篇，为后续研究提供了丰富的材料。Engelbrecht-Wiggans在1981年评述和归纳了一般拍卖与投标模型，并且针对以后的研究，提出了很多值得深入研究的问题。

在招投标理论中，最新的研究成果主要是在不完全信息基础上，探讨招投标双方如何根据所掌握的不完全信息做出决策；借助于信息经济学以及现有统计决策理论、效用理论、智能技术、专家系统等的发展所提供的理论和技术手段，对交易双方的信息分布进行分析等。其最新理论进展主要包括：

① 业主方如何发布招标信息以达到吸引更多的投标者的目的。

② 招标方如何进行资格预审，以选择合适的投标人。

③ 投标方如何根据所掌握的信息进行是否参与投标的决策。

④ 招标方如何进行评标以选择最有效的承包商等。

招投标交易模型是以隐式规则来决定价格与资源分配的，这种模式是在企业与企业以及企业与政府之间的现实交易中采用较多的一种交易模式。在电子商务中，招投标实现原理沿用了现实交易中的一级密封招标与二级密封招标的交易思想，同时充分结合互联网信息发布和网络计算平台的优势，来完成招标的信息发布、评标与结标等功能。目前，在世界各国的政府采购（Government Procurement）拍卖中普遍采用网上招投标方式。自《中华人民共和国招标投标法》（简称《招标投标法》）于2000年1月1日起正式实施（2017年修订）以来，我国招投标制度也已经日臻完善起来，从单纯的施工招投标向总承包、勘察设计、装饰工程、设备采购等多种类、多领域、全方位招标方向发展，招投标管理向科学化、标准化、规范化、专业化方向发展。特别是在我国加入世界贸易组织（WTO）之后，随着国际性的大宗商品、项目、服务采购招投标竞争日趋激烈，采购招投标出现了明显国际化、网络化的发展变化趋势。采购项目招投标工作的实施是基于互联网环境进行的。

但从目前的研究情况来看，国内虽然引进了国外的一些招投标的理论与方法，但对招投标的定量研究还相当匮乏，对将现代评价理论和方法应用于招标、投标、评标模型中的研究很少，特别是互联网的引入使原来看来不可能的采购方式得以实现。例如，在对多个物品的采购中，由于物品之间存在互补效应，允许投标者将几个标的物作为一个组合标进行投标——形成了组合招投标的采购模式。若进一步考虑采购品（产品和服务）的多属性特点，即形成了组合多属性招投标（Combinatorial Multi-Attribute Bidding，CMAB）采购模式，在采购中较具现实意义和应用价值。

（3）网上拍卖。

应用代理人和人工智能技术的引入，使网上拍卖成为具有广阔应用前景的研究领域。近年来，它给人们带来了巨大的利益，已成为电子商务中一种特别受人青睐的交易模式。

拍卖作为一种有效的价格发现机制与资源配置方式已经存在几千年了，然而开始系统地研究拍卖理论,却是以1961年Vickrey的研究为标志。Vickrey对拍卖和公开密封投标以及筹码交易等进行了深入研究。有学者认为:拍卖应该是市场参与者对商品进行标价,以此决策资源的配置以及资源价格等内容的具有确定作用的一组规则。其中的市场参与者包括招标方与投标方两方面,招标商是拥有资源的一方,而投标方是想获得资源的一方。而完整的拍卖过程是由招投标双方共同参与完成的。

在线拍卖(如eBay等)的蓬勃发展,显示了拍卖理论在电子商务的动态价格机制形成中所起的至关重要的作用。当前,已有2 500多个在线拍卖网站在出售各种物品,许多传统企业也把目光转向在线拍卖,并将在线拍卖引入到产品分销或物资采购的价格决定机制中,例如在股票、钢材、医疗器械与化工等领域中的应用。

招标、投标与拍卖之间是相关的关系。人们在对物品、工程项目或服务等方面的采购中常常采用以首价密封投标拍卖的方式进行,而这种方式与人们常说的拍卖具有较大区别,主要表现在拍卖方式、程序规则与法律效果三个方面:首先在拍卖方式上,通常意义上的拍卖常常是以口头表示进行出价的,所以出价信息是公开的。而与之相反,投标人的报价是在投标中以密封的书面形式提出的,所以投标价格信息不是共享的,而是私有的。其次,在程序规则上表现为出价机会的不同。通常在拍卖中,当竞买人在某次出价中失效后,可以进行再一次的出价。而对于投标人来说却只能进行一次报价,并通过密闭的标书实现。最后,在法律效果方面,从合同的承诺效力上看,拍卖人为竞买人通过叫价方式提供了价格信息。而在招投标中,招标人的潜在含义表示,在没有特别约定外,合同均具承诺效力。从约束力角度看,拍卖是以最终出价高的为最终的胜出者,也就是其他竞买人如果出价比现有竞买人出价高,则在本轮中胜出,而现有竞买人的出价即失去约束力。而招标中的投标人,只要在规定期限内进行投标,不论在何时投标,出价多少,在最终的评标过程中均有可能中标。

当前,关于拍卖可以从不同角度进行划分,几乎没有统一的分类方式。按照价格是否公开,可将拍卖分为公开拍卖与密封拍卖,而公开拍卖又可以包括升价拍卖与降价拍卖。升价拍卖也叫英式拍卖;在降价拍卖中,荷兰式拍卖则是其中具有代表性的一种。相对于公开拍卖的密封拍卖,若采用一级价格密封,则此拍卖叫作一级价格密封拍卖(First-price Sealed-bid Auction);若采用二级价格密封,则此拍卖叫作二级价格密封拍卖(Second-price Sealed-bid Auction)。如果从拍卖物品的价值形式角度划分,可以将拍卖分为共有价值拍卖(Common-value Auctions)与私有价值拍卖(Private-value Auctions)。还有一些拍卖的形式不能划分到传统的分类当中,如组合拍卖(Combinatorial Auctions)、多物品拍卖(Multi-item Auctions)以及多属性拍卖(Multi-attribute Auctions)等。本书认为拍卖分类应对拍卖中的参与各要素(卖方数、买方数、物品/服务数、属性数)的参与数量进行考虑,并据此提出了新的分类方法,见表1.1。

表1.1　拍卖类型分类表

序号	拍卖类型	属性数	物品(服务)数	参与方数(卖方:买方)
1	简单交易(谈判)	1	1	1:1
2	拍卖	1	1	1:n
3	反向拍卖(采购)	1	1	m:1
4	多属性拍卖	q	1	1:n
5	多属性反向拍卖	q	1	m:1
6	组合拍卖	1	P(允许组合投标)	1:n
7	反向组合拍卖	1	P(允许组合投标)	m:1
8	组合双边拍卖	1	P(允许组合投标)	m:n
9	组合多属性拍卖	q	P(允许组合投标)	1:n
10	组合多属性反向拍卖	q	P(允许组合投标)	m:1
11	组合多属性多边拍卖	q	P(允许组合投标)	m:n

其中,物品(服务)数中选取更为一般的允许组合投标情况进行研究。对序号1～7的拍卖类型相关研究较多,这里不再赘述。序号8～11则是对原有理论的拓展,若进一步考虑研究的实际应用价值,则其在多属性拍卖中的反向拍卖(采购)中具有广泛应用。更进一步分析,8与10的类型更具现实意义,相关研究起步较晚;而11的研究更为复杂,当前并未有系统的研究。

(4)电子谈判。

人际互动模式中,谈判是最复杂的一种沟通机制,同时在商务交易中,谈判也是最重要的环节之一。在商务活动中谈判之所以重要,是因为谈判决定了商务交易的内容和细节。最简单的谈判也叫议价,是以交易商品的价格为谈判的主要议题。但在商务交易实际中,交易各方除了商品的价格外,还有很多其他重要的议题是需要进行谈判的,这种谈判称为多属性(多议题)谈判。近期,网络技术的飞速发展,特别是人工智能中分布式技术在网络计算中的深入应用,使得基于谈判代理人的多属性谈判交易模型与算法也逐步得到研究和开发,代理(Agent)的自动谈判,已经成为基于Agent技术的电子商务的重要组成部分。

因为和拍卖机制相比,谈判具有相对较大的灵活性与交互性,在B to B电子商务中也更具优势,因此本书主要以B to B电子商务中的多属性电子谈判作为研究对象,具体内容在后面章节进行重点阐述。

1.3.2　多属性谈判理论研究综述

多属性谈判是指谈判对象具有多个属性,并且要求就多个属性同时进行谈判。通常,由对产品或服务的多个属性存在不同收益的双方或多方参与,参与各方存在合作价值并想通过寻求妥协方案最终达成一致。

1.多属性谈判的特点

多属性谈判与单属性谈判相比更为复杂也更具挑战性,其特点主要表现在以下几方面：

① 在多属性谈判中，对多个属性的代理(Agent)的偏好是十分复杂的。传统方法是用一个效用函数(数据公式)表示，代理根据此效用函数做出决策。但是构建这样一个多属性的效用函数是一件十分困难的事，特别是当多个属性间存在依赖关系时。偏好的获取是一个消耗时间较长且很难做到的事。

② 在多属性谈判中，解空间是多维的(维数 $n>1$)，而在单属性谈判中，解空间是一个单维的直线。因此在多属性谈判中，谈判策略变得十分复杂。由于解空间是 n 维的，在谈判过程中，谈判代理每次要让步时都要先确定让步的方向，很显然在让步方向上将会有多个让步方案：首先，它要考虑对1到 n 个属性的某个或某些属性的不同组合进行让步。其次，让步的方向还要依赖于对手的偏好，因为对对手而言，对其重要的属性进行让步能使提议更容易被接受。最后，让步的多少也将变得十分复杂，谈判策略的计算和推理复杂度要比单属性谈判高得多。

③ 与单属性谈判相比，在多属性谈判中存在"双赢"的情况。对于理性谈判Agent，谈判的结果是达到Pareto最优解。Pareto最优解是指在不使谈判对手效用降低的情况下，不存在更好的可以改善自己的解。也就是说，对于某个Agent，如果存在使其效用更好的解，则必然会使其他Agent解的效用下降。因此，在存在可行解区域，若Agent达到Pareto最优解，则我们说多属性谈判模型是有效率的。

多属性谈判的优势早已被发现，有学者指出，"一方获得更高的收益而另一方必然减少"的现象不是一成不变的，可能存在双方都获得更高收益的情况。对于多属性谈判的理论研究，先是由经济学领域开始的，后来由于人工智能技术的引入而得到进一步的发展。

2. 经济学角度的多属性谈判

多属性谈判的研究是从经济学领域开始的，主要依据博弈论理论并分为两个分支：非合作谈判与合作谈判。

(1) 非合作谈判。

早期相关理论与模型主要考虑参与谈判简单个体的可能行动集。因此，研究主要集中于谈判输出结果的均衡分析。谈判中的任一参与者单方面改变当前策略都将导致其收益相比其保持当前策略的收益下降。在此领域，较前沿的研究工作是Rubinstein提出的Alternating-offer(交互出价)谈判方法。此外，从不同的角度，研究者对非对称信息、不完全信息、外生选项等多种情况下的谈判进行了研究。但以上谈判仅考虑单属性的谈判情况，对于采用非合作的Alternating-offer谈判来说，多属性同时谈判过于复杂。因此，在多属性谈判领域，研究者将问题分解为Issue-by-issue谈判(即顺序谈判)。

多属性谈判程序有三种类型，即单独谈判、同时谈判和顺序谈判。Fershtman研究了顺序谈判中谈判议程对顺序谈判的影响。Fershtman指出，当主体的偏好不同时，主体更喜欢先就对方认为最重要的问题而对己方不重要的问题进行谈判。

Bac 和 Raff 提出,采用顺序谈判的一个原因在于人的有限理性,同时对一个具有多个属性的方案进行谈判对于个体人来说是很复杂的一件事情。Busch 和 Horstmann 对这个问题进行过正式研究。他们证明了如果协议实施是顺序的,则参与人喜欢先谈判"容易"的属性;而如果协议实施是同时的,则参与人将对剩余最大的属性进行谈判而不管其是"容易"还是"困难"。Weinberger 对允许"有选择地接受"的多属性谈判进行了研究。此外,Chen 对顺序谈判中的失败因素进行了研究。Chen 指出,当失败的概率较低时,主体更喜欢同时实施谈判;而在失败的概率很高的情况下,主体更偏向于顺序实施。

可以看到,虽然对各个属性依次进行谈判比同时进行谈判更简单,却可能引起对议程选择的困难和出现谈判结果的无效率情况。而且在一般情况下,顺序谈判对参与人的效用函数进行线性或加性的,且属性具有独立性的假设。但在现实应用中,这些预先的假设并不符合实际谈判情况。

在国内的有关研究中,罗中函提出了基于稳定点的博弈解概念;曹永强和曲晓飞提出了在不完全信息下的多人多目标资源分配问题的模糊谈判方法;王愚和达庆利提出用多目标决策的方法结合权重向量,建立了一种多目标斯坦克尔伯格模型。我国对谈判理论的研究起步较晚,从经济学角度阐述的文献并不多。近期的相关研究主要集中在人工智能方向,相关文献将在后面提及。

(2)合作多属性谈判。

合作多属性谈判研究的主要目的是:从一个可行的解空间中找到 Pareto 最优解。通常要求 Pareto 最优解满足一组公理,Nash 公理就是其中的典型。我国学者曲晓飞和王众托对多目标 Nash 谈判对策理论进行了讨论,这是 Nash 谈判对策理论在多属性谈判中的推广结果。Ehtamo 提出多属性谈判的 Pareto 前沿可以用一个约束提议方法来生成。在提出的方法中,协调人的概念被引入,并假设协调人是公正的。基于 Ehtamo 的研究思想,Heiskanen 对具有约束决策集问题进行了研究,并指出在此情况下,Pareto 前沿可能就在决策集的边界上,并进一步对相关方法进行扩展,采用新的方法找到 Pareto 最优解集合的边界。在上述学者的研究中,引入了协调人的方法便于生成一个多属性谈判的 Pareto 前沿,在使用这个方法时并不要求参与人明确效用函数。因此,在效用函数很难被参与人量化时提供了另外的解决方案。

此外,对于多属性谈判,也有一些研究主要集中在"公平分配"的概念上,基于合作的博弈理论分配方法也得到了发展。该方法最早是由 Knaster 和 Steinhaus 基于拍卖思想提出来的。分配参与人之间的剩余是 Knaster 分配方法的主要思想,但是并不能保证参与谈判双方得到的"资产比例"公平。因此,Brams 和 Taylor 引入了"Adjusted Winner"—— 另一种使参与谈判双方能够得到相同"资产比例"的公平分配方法。目前,对于多属性谈判的公平性研究仍处于初期,有待进一步的研究。

综上所述,在经济学领域,为理性参与人找到最优谈判机制和均衡的谈判策略是谈判研究的主要目的。然而,基于博弈论的研究,不论从非合作还是合作的角度出发,其假设条件都过于严格,在现实应用中,这些假设并不符合实际。由于人类自身能力限制,在处理信息时存在固有的偏见,特别是面对复杂的多属性谈判时,很难做到有效谈判。随着计算机技术的发展,人工智能领域的专家们从应用角度对多属性谈判问题进行了研究。人工智能领域的研究主要是要设计合适的谈判模型,并找到自动的、易于实现的谈判方法。

3.人工智能角度的多属性谈判

成功地解决多属性商品交易需要谈判,以寻找在一个多维空间的认同点。近年来随着计算机网络的飞速发展,出现了一些从人工智能领域角度出发的关于多属性双边谈判问题的研究。下面分别从谈判模型和谈判技巧两个方面,来介绍人工智能领域关于多属性双边谈判的研究工作。

(1) 谈判模型。

设计一个谈判模型是设计谈判软件系统的基础工作,其对于多属性谈判来说是非常重要的。Sycara提出了一个基于实例的推理方法。在这个推理方法中,自动的谈判Agents会基于多属性谈判的环境(包括各个属性、对手和所处的谈判背景)与以前的谈判环境的相似程度来生成出价。Fatima等人提出了一个基于谈判议程的多属性谈判模型。在这个谈判框架中,Agents针对剩下的属性可以提出一个单一的出价,也可以提出一个组合出价,并且他们在面对一个组合出价时,可以对每一个属性单独做决定。Faratin等人设计了一个推理机制,在这个机制里具有有限的知识和计算资源的Agents能够在服务定位的协商里竞争。

以上讨论的协商框架都是基于交替式的讨价还价协议模式。在传统的交替出价模式里,协商双方往往不愿意首先出价或让步。一般可以通过引入一个中间人来实现同步出价,以解决协商者都不愿意先出价或先让步这个问题。Copic和Ponsati证明了基于中间人的协商方法能够有效地减少传统的交替式出价模式所引起的无效率情况的发生。

(2) 谈判技巧。

目前已有几种特定的方法可以用来研究电子谈判,其中最常用的技巧是博弈论模型、启发式协商方法和基于争论的谈判方法。

标准的博弈理论模型倾向于注重协商的结果而不是协商过程本身。传统的协商模型,一般都假定参与人清楚自己对各属性的偏好或效用函数以及各种协商后果的概率分布。在决策过程中,理性的参与人必须考虑对手所有可能的选择,而对手进行选择时又要反过来考虑他的对手的选择。这样就出现了非常著名的“循环猜测”(Outguessing Regress)。循环猜测会导致谈判Agents的策略相互影响,使协商变得更为复杂。为了避免这一点,大多数的博弈理论模型都做了严格的假定。另一个重要的限制是博弈理论模型里都是静态协商模型。这种协商模型一般都使用博弈论的技巧,如进行机制设计来建立一些规则以保证协商结果的特性。这些设置有不同的优势,但是却不适合现实的应用。因此又出现了另外一些更适合于现实情形的研究方法。

Faratin 与 Sierra 等人提出了能够应用于合作和竞争情形下的启发式协商方法。还有学者提出了基于争论的谈判方法,在出价和反出价过程中,参与人可以透露一些信息来争论以帮助做出更好的决策。

最近几年,电子谈判(尤其是多属性谈判)在我国也成为一个研究热点。我国学者郭庆和陈纯在研究中实现了一个具体的多属性(多议题)谈判的优化。但是他们提出的基于属性保留值进行估计的提议策略需要一定的先验知识,有较大的限制。彭志平等人针对这一点,提出了一个基于议题权重等级的提议策略,这个策略具有不需要任何先验知识的优点。此外,在电子谈判自动谈判与决策支持方面的研究也取得了进展,在协同谈判、一对多谈判、多对多谈判、谈判算法等方面,学者们进行了大量的卓有成效的研究。

1.3.3 多属性依赖谈判模型的相关研究

近年来,电子商务中的多属性网上谈判得到了广泛研究并展现出广阔的应用前景。但在大量文献中,明确或隐含地设定多个属性相互独立,效用函数符合线性要求等假设,原有多属性谈判模型研究多是建立在此种假设基础上。而在企业现实谈判中,多属性谈判却复杂得多,在实际谈判过程中,各属性间往往存在一定的依赖关系,这种依赖关系的存在:一方面增加了多属性谈判问题的复杂性,也导致在大多数的多属性谈判研究工作里,非线性效用函数和不完全信息被忽略了;另一方面,这种多属性依赖关系也对原有谈判模型提出了新的要求,适用于线性效用函数的谈判模型一般很难应用到非线性问题中。因此研究多属性依赖的谈判模型成为近期电子谈判领域研究的一个重要的问题。

2003 年,Mark Klein 等人在文献[2]中将具有依赖关系的多个属性谈判合同定义为多属性依赖,以此区别以往具有独立属性假设的简单合同。

Mark Klein 运用图示来说明多属性依赖的不同。图 1.1 显示了在简单合同谈判中提议提交的反复谈判过程。其中,y 轴表示谈判对于每个谈判 Agent 的提议合同效用。x 轴上的每个点表示依据对 Agent 的效用排列的每一个可能的合同。由于不必考虑谈判双方已达成一致的议题,因此仅考虑谈判一方的效用改善必然会引起另一方的效用损失情况。在这种理想假设条件下,每个 Agent 的效用函数变为具有单调递减的单目标优化问题表达式。每个 Agent 开始时按自己独立的理想进行提议,来自每个 Agent 的提议沿 Pareto 前沿面到达中部并取得 Pareto 最优解。但是,实际的谈判合同要复杂得多,一般是由具有相互依赖关系的多个属性构成的。在图 1.2 中,表示了这种多属性依赖关系导致的非线性效用函数引起的多个局部最优解。在这种情况下,一个 Agent 找到满足自己要求的理想合同变成了求解非线性最优化问题。如果对其他 Agent 的提议仍采用简单让步的策略,则可能导致错过谈判双方可以达成一致的更好的合同,如图 1.2 中的合同 C。因此需要应用与以往不同的新的谈判技术来求解此类问题,从而找到使谈判双方实现“双赢”的谈判合同。Mark Klein 运用谈判 Agent,使用模拟退火和爬山搜索方法搜索 Pareto 最优解。

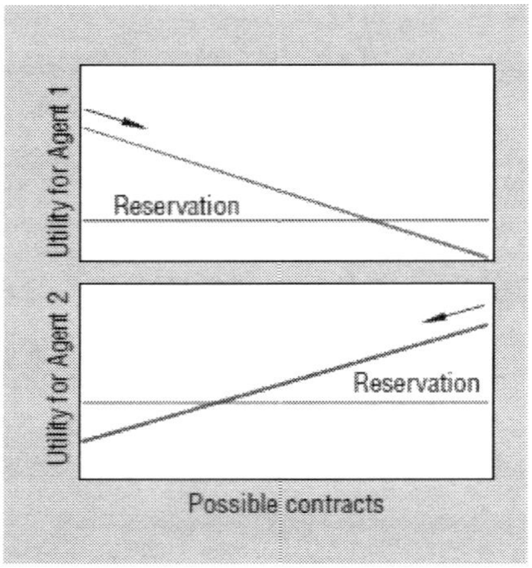

图 1.1　简单合同谈判过程

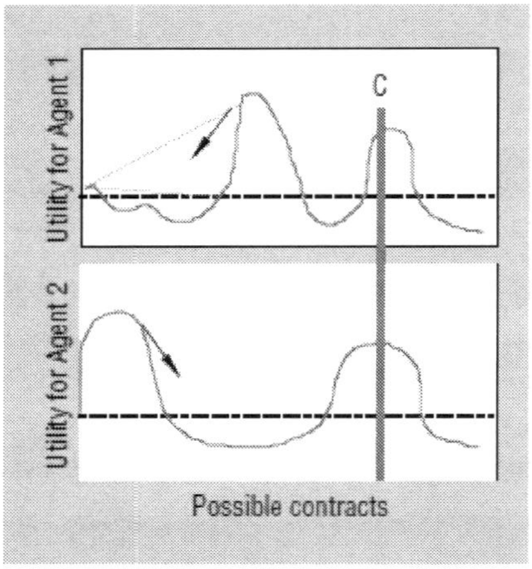

图 1.2　多属性依赖谈判过程

Hiromitsu 与 Mark Klein 等指出,多属性依赖关系的存在,使求解具有多个 Agent 非线性效用函数的谈判合同成为难题。他们引入协调人 Agent,构建了谈判代理协议,并通过多阶段收缩可能达成一致合同的谈判空间提高求解效率。具体方法是:在谈判的前期阶段,谈判代理向协调人提交粗略的标的描述可能存在达成合同的区域。而在谈判后期阶段,Agent 向协调人提交比前期更为精确的标的,此标的是前期的区域内的子集,直到最终找到达成一致的合同。实验显示,该方法通过不断收缩谈判空间,取得了高质量的谈判结果并具有一定的计算适应性。

此外,相关研究还有:Fujita 等提出了分布式仲裁协议(Distributed Mediator Protocol, DMP),并进一步提出了基于锥约束(Cone-constraints) 的非线性效用函数以及混合安全协议(Hybrid Secure Protocol,HSP) 等内容的谈判模型。R. J. Lin 与 S. C. T. Chou 揭示了可变的二元谈判合同谈判协议的取值范围,但在文献[69]中并未给出采用哪种效用函数,也没有给出实验证明相应理论,所以并不清楚此模型是否能够有效揭示效用空间。Barbuceanu 和 Lo 给出了多属性依赖谈判放松约束的方法,仅给出了具有 27 个合同的小的模型,但并没有给出有效实验证明。Fatima、Wooldridge 和 Jennings 提出了具有时间约束的双边多属性谈判。Shew 与 Larson 提出了以第三方为中介引导谈判双方达成均衡的多属性谈判方案。该模型采用了一个议程作为对谈判属性进行调整的进度表,从而使谈判代理只需要关注于少数的属性。Hindriks、Jonker 和 Tykhonov 提出检查程序来减小谈判风险并显示调整这个议程的参数用于结果背离的控制。

我国学者针对多属性依赖双边谈判模型的研究并不多见。王黎明、李琨在Robu等提出一种基于效用图的多属性谈判模型基础上，指出了效用图方法中的局限性，提出了一般联加独立(Generalized Additive Independence, GAI)效用模型的多属性依赖谈判模型。但采用效用图的方法受到网络图结构和问题求解规模的限制，随着谈判属性数量的增加，效用图的结构定义将变得越来越复杂，求解也变得十分困难。

1.3.4　研究现状评述

从上述学者的研究可以看出，多属性谈判是电子商务中的重要研究内容，多属性依赖谈判已经成为谈判领域的研究热点，而多属性依赖的谈判模型及求解算法是研究中的难点。他们从不同角度，运用多种技术对多属性依赖谈判进行了研究。但由于该问题的复杂性，这些方法仍存在一些局限性。表现如下：

① 在上述多属性依赖谈判的相关研究中，运用非线性效用函数进行模型构建与算法仿真时，并未说明效用函数的由来，而是直接采用计算机随机生成初始的效用值构建复杂的非线性效用空间进行仿真研究。这对多属性依赖谈判在电子商务中的实际应用造成了一定困难。让谈判方直接给出自己的所有非线性效用空间的谈判状态是一种不切合实际的做法，相关研究在模型的应用性上有待进一步的完善。

②Mark Klein假设谈判方的效用空间是由“高山”与“低谷”组成的高非线性效用空间。这与电子商务谈判中对谈判商品属性的实际效用评价不相符。在电子商务交易中，人们对产品的属性效用评价更趋向于连续的、有一定规则可循的情况。这种假设忽略了非线性效用函数的内在规律性，使效用函数的表述过于复杂，不能通过公式化的方式给出，而之后的多属性依赖谈判的仿真研究大多延续了这种假设。因此在非线性效用函数确定与表述方面仍存在局限性。

③ 原有谈判模型在对谈判参与人的私有信息保护方面研究不足。大部分学者的研究中假设参与人是“诚信”的或协调人是公正的。这些前提假设并不符合电子商务谈判的实际，在现实的电子市场中很难保证谈判参与人的“诚信”，谈判协调人的公正性也常常遭到质疑。因此，如何对多属性依赖谈判中谈判参与人的私有信息进行保护，成为谈判模型是否具有安全性，能否降低谈判参与方的谈判风险的关键。

④ 在谈判求解算法的复杂度研究方面，随着谈判属性的增加，谈判模型变得越来越复杂，求解也变得十分困难。因此在多属性依赖谈判模型与算法中，如何降低谈判模型与算法的复杂度成为研究的重要内容之一。

⑤ 在多属性依赖的谈判研究中，多数谈判模型的构建仅以双边谈判为研究对象，并未考虑是否能够拓展到一对多、多对多的多边谈判模型中，没有给研究预留

下拓展空间。所以找到一种易于拓展的且更具一般性的多属性双边谈判模型及算法是研究中需要考虑的问题。

通过上述的分析可以看出，虽然对多属性依赖谈判的研究关注度越来越高，但总体来说，多属性依赖谈判的研究仍处于起步阶段，相关文献相对较少。研究大多从多属性依赖谈判的某一个方面进行探讨，而综合考虑上述各方面问题的多属性依赖双边谈判模型还没有看到。因此，本书在前人研究的基础上，较系统地针对双边谈判模型中涉及的应用性、私有信息保护、复杂度与可拓展性等方面问题进行了研究，并给出了相应的解决方案。又由于电子商务中 B to B 占主体并具有代表性，所以选取 B to B 电子商务中多属性依赖双边谈判作为研究对象。为方便阐述，在后面的叙述中如不加特别说明，所论述内容均是指在 B to B 电子商务前提下进行的。

1.4 本书的研究内容与总体框架

1.4.1 研究的主要内容

由于研究问题的复杂性，本书通过全面分析，拟从以下几方面进行重点研究：

1. 非线性效用函数的确定方法与表示

在多属性依赖谈判中，由于有依赖关系的存在，谈判双方的效用函数表现为复杂的非线性效用函数，因此，如何确定非线性效用函数以及能够正确地表达成为十分关键的问题。本书拟首先对电子商务中的多属性谈判的效用函数进行研究，在此基础上运用 TSK 模型(Takagi-Sugeno-Kang 模型)来逼近非线性效用函数，并进一步对 TSK 模型的局限性进行分析，进而提出基于广义动态模糊神经网络(Generalized Dynamic Fuzzy Neural Networks，GD-FNN)评价方法。利用 GD-FNN 评价方法知识抽取与拟合非线性函数的能力，以一定精度逼近谈判双方的非线性效用函数，并运用 GA 的全局寻优能力求解近似最优的谈判解决方案，从而得到更为客观、更易实现的非线性效用函数的替代表达。

2. 谈判机制、决策理论分析与智能算法

谈判机制的设计是谈判活动的基础，考虑的因素不同，采取的谈判机制也不尽相同。本书拟通过对原有谈判机制的适用性分析，选取基于协调人的谈判机制，并从考虑信息安全性的角度对其进行进一步的分类研究。谈判中的最优解的确定是一个决策过程。因此，对于决策理论的选取直接关系到谈判的效果。本书拟根据多属性依赖的特点对决策方法进行分析与选取，对基于博弈论的决策与基于多目标规划的决策进行详细研究。多属性依赖中的另一个问题是谈判求解算法的适用性问题，由于解空间的复杂性，如何在有效的时间内获得近似最优解成为难点。研究拟对基于人工智能的智能算法进行分析，提出混合的智能求解方法，使求解过程得到保证。从以上三个方面的分析,确定多属性依赖谈判理论架构,可以为进一步深入研究明确方向。

3. 混合智能算法双边谈判模型设计

本书拟在非线性效用函数研究的基础上,建立 B to B 电子商务多属性依赖双边谈判一般模型,并运用混合人工智能技术进行有效求解,试图在克服上述限制方面取得进展,并通过构建价格与质量双属性依赖的非线性效用函数,运用 Matlab 进行仿真验证。

4. 信息保护的协调人双边谈判模型构建

在第 3 章的一般模型中,为简化问题,相关研究并未考虑谈判双方的私有信息安全、运算结构设计等问题,缺乏安全性考虑。因此,本书在原有模型基础上,充分考虑谈判双方的私有信息安全问题,拟采用混合智能计算与分布式计算技术对原有算法进行改进,拟构建在达到私有信息保护前提下的有效谈判双边模型。

5. B to B 电子商务中多属性依赖双边谈判支持系统原型分析与设计

本书拟分析与设计多属性依赖双边商务谈判支持系统原型,充分考虑谈判的适用技术与谈判系统的应用性;提供多种方式的谈判模型选择,为 B to B 电子商务中多属性依赖的商务谈判提供在线决策支持平台原型,为相关研究提供借鉴。

1.4.2 总体的框架结构

本书结合研究需要,形成如图 1.3 所示的研究逻辑框架。

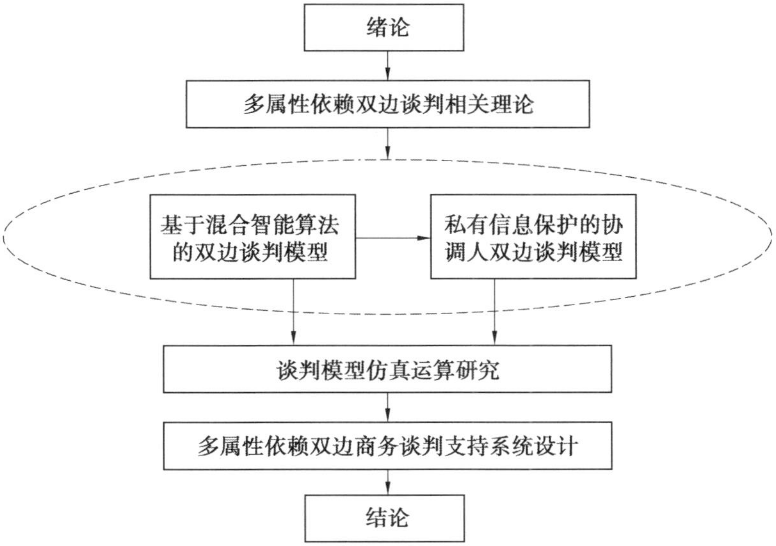

图 1.3 本书研究的逻辑框架

具体结构安排如下：

第 1 章绪论。本章首先确定以 B to B 电子商务中多属性依赖双边谈判模型为研究对象；从 B to B 电子商务概念界定、电子商务的交易模式入手，对多属性谈判理论进行综述；在分析原有理论方法中的不足之后，提出本书要研究的内容。

第 2 章多属性依赖双边谈判相关理论。本章通过多属性依赖谈判相关理论分析，确定多属性依赖谈判模型的谈判机制、决策理论与智能求解算法，从而确定研究的理论基础与求解工具。

第 3 章基于混合智能算法的双边谈判模型。本章提出直接求解的核心算法模型——基于混合智能算法的双边谈判模型，克服了多属性依赖双边谈判过程中的应用性、复杂性与可拓展性的局限。

第 4 章私有信息保护的协调人双边谈判模型。本章针对直接协调谈判模型中的局限性，提出具有信息保护的协调人双边谈判算法模型，并进行仿真，对计算结果进行分析；对研究提出的算法模型的复杂度、私有信息保护以及可拓展性等进行讨论，就模型的性能与领域内其他典型方法进行比较分析。

第 5 章 B to B 电子商务中多属性依赖双边谈判支持系统原型设计与实现。本章运用计算机编程技术实现多属性依赖双边谈判决策支持系统原型，为 B to B 电子商务中多属性依赖双边谈判的实际应用提供借鉴。

第 6 章多属性依赖谈判模型的拓展研究。本章分析双边谈判模型到一对多、多对多谈判模型的拓展，并将 Agent 系统引入到多边谈判机制中，可以充分利用云服务的计算与存储能力，使多边多属性谈判的复杂度得到简化。

1.5 本书的研究方法及技术路线

1.5.1 本书的研究方法

由于本书研究的问题本身较为复杂并涉及多学科，为相关研究带来一定困难。所以相应研究中采用如下方法：

1. 文献研究法

本书研究的问题是国内外较前沿的课题，直接文献较少，但相关的文献较多。在确定选题和研究内容等时都参照了大量的中外文献。其中包括：多属性拍卖、多属性谈判、多属性决策、非线性优化、计算智能算法、信息系统等方面的大量中外文献。对文献进行了收集、整理，从而为本书的研究奠定了研究基础。

2. 比较分析法

在研究相关模型与智能求解的过程中，对与其相似的数学建模与求解方法进行比较与借鉴，以便从中找出相关性与不同点，为模型找到实用高效的求解方法；并从信息安全的角度对算法进行完善，与原有方法进行了比较分析，从而理清了创新思路与具体研究内容边界，为进一步深入研究确定研究范畴。

3. 定性分析与定量分析相结合的方法

在对电子商务中多个属性依赖的效用评价过程中运用定性分析与定量分析相结合的研究方法。合理地确定主要评价指标，并进行定量的分析与智能算法应用，减少人为因素的干扰，使评价结果更趋于量化与客观。

4. 跨学科研究法

由于本书研究的问题涉及信息经济学、信息管理学、运筹学、最优化技术、计算机科学和软件工程等学科和领域的理论方法，所以必须开阔思维，充分运用多学科交叉的综合研究方法，而不局限于管理理论方法。

5. 计算机仿真与模拟应用方法

由于在现实的 B to B 电子商务中没有多属性依赖谈判模式的实际应用，因此相关数据采集较难完成，这些都为进一步研究带来一定困难。而计算机仿真研究为其提供了验算与模拟的平台。本书通过将相关理论研究成果应用到实际中去，设计和开发一个 B to B 电子商务的基于多属性依赖的双边谈判支持系统原型模拟真实应用环境，为研究提供应用反馈数据与信息，为今后模型与算法的进一步完善提供支持。

1.5.2　本书研究的技术路线

多属性依赖关系的引入，使得谈判求解问题变为非线性优化问题，这类问题的建模与求解研究相对复杂，实验数据难以获得，所以本书综合运用多学科研究方法分析设计多属性依赖谈判模型，运用计算机仿真技术验证模型的正确性与有效性；最后构建 B to B 电子商务中的多属依赖双边谈判支持系统原型，用于结果分析与实际需求比较反馈等。本书最终形成如图 1.4 所示的研究技术路线。

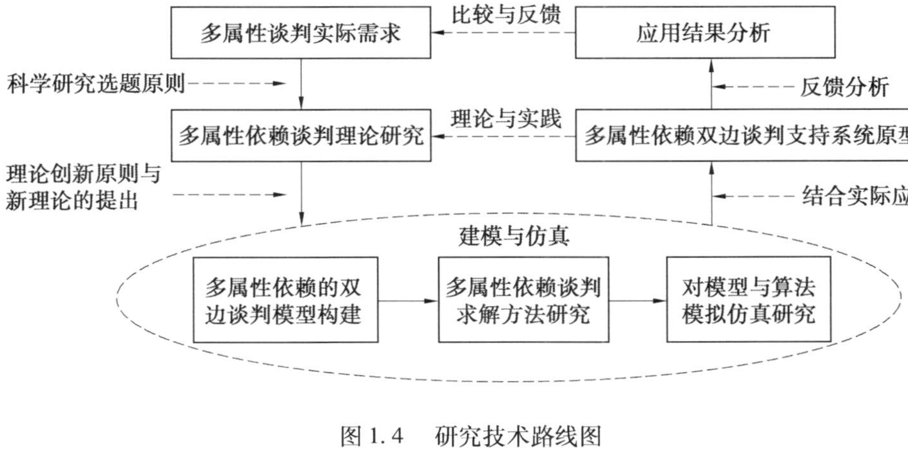

图 1.4　研究技术路线图

第2章　多属性依赖双边谈判相关理论

本章介绍了 B to B 电子商务的基本概念,对多属性依赖谈判的复杂性成因与特征进行了分析;介绍了多属性依赖双边谈判决策相关理论与双边谈判机制,以及智能计算方法的基础,从而为下一章的谈判模型构建奠定理论基础。

2.1　B to B 电子商务

2.1.1　B to B 电子商务的概念与特点

1. B to B 电子商务的概念界定

电子商务是一个新兴的概念,描述了通过计算机网络(包括互联网)购买和销售或交换产品、服务和信息的过程。电子商务主要分为企业对企业电子商务(B to B 电子商务)和企业对个人客户电子商务(B to C 电子商务)。B to B 电子市场意味着卖主(供应商)和买家是企业,而 B to C 电子市场暗示买家是个体消费者。因此,B to B 电子商务是企业间商业交易的电子支持,涵盖了广泛的应用,使企业或公司能够与经销商、转销商、供应商和其他合作伙伴形成电子关系。B to B 电子商务不仅包括通过互联网的交易,而且也包括在交易后和服务后的信息交换。

2. B to B 电子商务的特点

B to B 电子商务与 B to C 等其他类型的电子商务相比,具有如下三个方面的特点:

(1) B to B 电子商务收益具有规模递增特点。

该特点是 B to B 电子商务与其他类型电子商务内在的本质区别之一。由于 B to B 构建的交易网络是双向的,所以可以使交易双方取得最大化的收益。与 B to C 等电子商务交易类型相比,其收益会随着参与交易的企业数量增加而呈现递增性增长。在 B to C 电子商务类型中,电子商务的交易网络是单向的:卖方企业向消费者营销其产品和服务,消费者根据销售条件被动接受进行交易,最终的盈利全部由企业一方获取。

相反,在 B to B 电子商务交易中,通过构建的双向交易网络,最大化买卖双方的收益。这是因为:一方面,对于买方来说,通过交易平台可以获得更多的商品和服务的信息,有更大的选择空间;另一方面,对于卖方来说,同样可以引发更多的潜在客户。这样,买方与卖方企业都可以提高自身的收益机会,这就导致更多的企业进入市场进行交易，从而使 B to B 电子商务交易平台随着参与者的增加创造的收益价值呈等比级数增长。

(2)B to B 电子商务需要更多的专业知识。

与 B to C 电子商务相比，B to B 电子商务中需要更多的专业知识来支撑。在 B to C 电子商务中，其经营与营销方式与传统的零售方式很类似，因此构建这样的 B to C 平台不需要太高的相关专业知识水平，平台创建思路和经营方法与线下实体店类似，多数的 B to C 平台很容易进入不同的产品领域。

但是在 B to B 电子商务中，建立 B to B 电子商务交易平台相对更复杂。对于 B to B 电子商务平台，专业知识是必不可少的关键要素之一。一些专业 B to B 网站都是以其专业领域的知识而获得生存与发展的机会的。例如，钢铁界的巨头 E-Steel，实验器材专营商 SciQuest 等，无一不是依赖其丰富的专业知识与专业技能，构建上下游伙伴关系，形成进入的行业壁垒，确定了自己的竞争优势。由此可见，在 B to B 电子商务平台构建中，专业领域的知识十分重要，只依靠单一的网络企业进行某一专业领域的 B to B 电子商务业务是很难获得成功的。

(3)B to B 电子商务交易成功企业间具有较强的互补性与协同性。

在 B to C 电子商务中，销售企业通常通过对外宣传等外推式来招揽顾客。消费者通过对销售企业提供的产品或服务的需求评价进行是否购买的决策。与 B to C 电子商务交易相比，在 B to B 电子商务交易中，交易成功的企业更多地表现出一种资源与生产要素的互补性与生产运营的协同性。

在 B to B 电子商务交易中，卖方企业与买方企业更多的是上下游关系，在购买上游企业的产品或服务时，更多的是考虑产品在买方企业的生产经营中的互补性与协同性。对卖方企业的产品或服务的评价属性更多，也更加详细，以便使交易的收益更大。这种互补与协同主要体现在交易商品的各个属性中，例如，生产制造型企业购买上游企业的半成品作为设备制造中的部件，将会整体考虑和比较多个企业产品的价格、质量、交货期、数量、支付与交付方式等多种产品属性，以便使自己在生产经营中获得更大的收益。这种对产品多种属性的衡量实质上是对企业间的互补与协同要素的匹配优化，从而使交易双方获得更高的潜在收益。

总体来说，B to B 电子商务的这些特征，体现了 B to B 电子商务的优势与基本生存法则：进入的高门槛导致收益递增；专业领域的知识与更高的互补性和协同性要求，使 B to B 电子商务交易平台与 B to C 相比，拥有更高的获利能力和更高的经营要求。

2.1.2　B to B 电子市场演变与当前主要模式

1. B to B 电子市场演变

B to B 电子市场的发展经历了三个互有重叠的阶段。第一阶段是自 20 世纪 70 年代开始使用的电子数据交换（EDI），它实现了电子商务信息（如订单和产品要求）的标准化与双边数据交换。但是，实现数据交换的必要条件是昂贵的专有网络，即增值网络（VAN）。因此，在这一阶段，只有大公司才使用这种方法。EDI 的使用使商务进程变得更快，并且相比之前的手动处理 EDI 数据处理降低了错误率。当互联网在全球范围内得到普及，解决了增值网络的高成本问题后，就进入了 B to B 电子商务发展的第二阶段。在此阶段，企业能够通过互联网提供产品的信息目录，潜在买家对实际数据能随时随地进行访问。以这种方式提供信息比使用纸张、电话和传真要划算得多。特别是通过使用互联网目录，可以更有效地处理小型和标准化的交易。在 1999 年之前特别强调支持与互联网目录相关的商业交易。而 1999 年以后，B to B 电子商务进入第三个阶段——电子市场阶段。电子市场是“虚拟空间”，不同的参与者可以通过互联网进行互动。买家、卖家和服务提供商可以进入电子市场。电子市场不只是提供像互联网目录这样的信息，还支持谈判、交易和服务等复杂商业活动。

2. B to B 电子市场主要模式

在 B to B 电子市场中主要存在三种主流市场模式，分别是面向供应商、面向买方与面向中介的电子市场。

（1）面向供应商的电子市场。

在面向供应商的市场中，具有多个买家，少量的供应商，市场主要由供应商主导。面向供应商的市场为一群客户提供了广泛的产品和服务，也支持供应商自己的业务。此外，在构建客户社区、直接客户关系及创造个性化产品方面也有很大的潜力。通过使用面向供应商的市场，供应商在市场营销和销售中提供了新的渠道，产品可以直接销售给客户而不使用中介。大多数制造商驱动的电子商店都使用这种形式的市场。这一商业模式的成功例子如戴尔和思科。戴尔将 90% 的计算机直接卖给商业买家；思科向商业客户出售了 10 亿美元的路由器、交换机和其他网络设备。戴尔和思科都通过互联网销售产品和服务。当然，不仅戴尔和思科使用面向供应商的市场，还有数以千计的其他公司使用此模型。对于小公司来说，主要的问题是如何为他们的产品寻找买家。良好的信誉和一批忠诚的客户是成功使用这个模型的必要条件。面向供应商的市场的另一个应用是拍卖网站，如计算机经销商 Ingram Micro 公司可以出售过剩的商品和商业客户，因此可以实现大的折扣。

（2）面向买方的电子市场。

在面向买方的电子市场中，具有少数的买方，而面对多数的供应商，市场由买方主导。通过使用面向供应商的市场，买家将不得不搜索电子商店和电子购物商场来寻找和比较供应商与产品。这对那些在互联网上购买数以千计商品的大买家来说，是非常昂贵和耗时的。因此，这样的大买家更愿意构建自己的市场，而这样的市场被称为面向买方的市场。通过支持交易和采购过程，这些市场提供了巨大的成本节约的潜力。以买方为导向的市场存在于少数和占主导地位的买主的工业部门。在许多公司，采购已成为过去几年中最重要的功能之一。公司通过电子方式支持采购，达到了节约成本的目的。使用电子采购可以减少产品、流程和库存成本。电子采购主要体现在以买方为导向的市场。以买方为导向的市场在成本节约方面有较大潜力。

买方的招标网站是最受欢迎的以买方为导向的市场类型之一。例如通用公司的电子投标网站,该网站改善了公司的采购流程。通用公司还向其他买家开放其网站,收取使用其网站的费用并从中获利，因此产生额外的利润。为使用通用公司的招标网站，买家准备招标项目信息，并张贴在互联网上,在确定潜在供应商后，邀请这些供应商对该项目进行竞标。供应商可以从互联网下载项目信息，并提交项目投标。然后买家评估供应商的出价，并进行之后的电子谈判。买家接受出价最符合他们要求的供应商。通过这样商务模式，买家可以识别和建立与世界各地的新供应商的伙伴关系。需求信息和产品规格可以迅速并同步分发给商业伙伴(供应商),因此,买家可以迅速收到各供应商的出价，并与许多供应商进行比较，以谈判到更好的价格。

(3) 面向中介的电子市场。

面向中介的电子市场是由中介公司建立的，它经营着买家和卖家可以相互匹配交易的虚拟市场。面向中介的电子市场有两种基本类型:垂直市场和横向市场。垂直市场集中在一个行业，而横向市场则为所有行业提供服务。面向中介的电子市场是一个中性的商业平台，提供了一般市场的几乎所有的经济功能。不同的是，相比实体市场,参与者在虚拟的电子市场内进行交易。现在有数以千计的面向中介的电子市场，并且提供多种不同的服务。这些市场可以包含“行业的虚拟目录与产品分类”。公司有可能在这个虚拟目录中展示自己。通过互联网的“布告板”可以找到公司的单一要约或请求。一个面向中介的电子市场也可以包含产品和价格信息的目录。通过提供搜索功能,电子市场可以提升产品透明度并便于买家进行产品的比较。此外,电子市场还具有拍卖功能和电子谈判功能，使参与者可以实时谈判。经营电子市场的中介公司可以通过成功交易的条款和服务的谈判（如交付产品的后勤公司）赚取利润。中介公司还可以收取会员费和提供信息、报价或要求;广告也可以产生利润;公司还可以通过电子市场销售自己的产品。例如我国的阿里巴巴集团 B to B 业务的开展就是面向中介的电子市场中的代表。

本书主要聚焦于面向中介的电子市场中的谈判研究。

2.2　B to B 电子谈判与多属性依赖谈判

2.2.1　B to B 电子谈判

B to B 电子商务中的电子谈判是传统谈判理论和方法在现代电子商务中的应

用。它是运用计算机和互联网等信息技术,解决在电子商务中双方的利益冲突,使交易双方或多方达成一致并完成商务活动的重要方法。对 B to B 电子谈判领域的深入研究,会推动 B to B 电子商务向交易过程的智能化、自动化发展,会进一步提升企业间交易的收益与竞争力。B to B 电子谈判根据不同的标准可以分为不同的类型。例如,根据参与谈判的参与者数量,可以将 B to B 电子谈判分为双边谈判和多边谈判;如果按谈判中考虑的商品属性个数来划分,可以将其分为单属性电子谈判(如只关注商品价格属性的谈判)和多属性电子谈判(如同时考虑商品的价格、质量、交易数量等属性的谈判);也可以根据参与人是否直接参与谈判来划分,包括自动谈判(谈判人不直接参与谈判)和半自动谈判(谈判者可以参与谈判过程);根据是否有时限,可以将其分为有时限的谈判和无时限的谈判;按照谈判过程的参与者人数是否不同,可以划分为谈判过程的动态谈判与非动态谈判;按是否引入第三方中介,可以划分为直接谈判(谈判双方直接以对方为对手进行谈判)和基于中介的谈判(中介协调双方谈判人利益)。

在 B to B 电子商务谈判中,谈判的模型是其中的核心内容之一,也是国内外相关领域专家关注的热点问题。谈判模型是谈判各方需要遵守的行为准则与谈判过程。根据谈判机制主要划分为两种谈判模型:一是买方与卖方直接谈判模型;二是基于中介的谈判模型。在第一种谈判模型中,买方与卖方直接进行谈判,买卖双方根据对方的效用信息或偏好信息进行采用哪种谈判策略的决策,在不同的谈判情况下采用不同的谈判策略,比如使用让步策略时,就包括僵持、坚持、适中、缓和、妥协等五种不同的谈判策略。直接谈判的缺点是,在谈判双方谈判过程中,谈判参与人需要向谈判对手揭示自己的效用或偏好信息,使谈判得以进行。而过多的信息揭示将导致谈判中谈判参与方的信息泄露问题,所以谈判过程中可能出现因谈判参与者不愿揭示更多信息导致谈判出现僵局的现象,会降低谈判效率。而基于中介的谈判模型,由于引入第三方谈判中介,谈判双方不必直接面对谈判对手,效用或偏好信息向谈判中介提示,通过中介的协调不仅能促使谈判双方达成“共赢”的合同,而且能减少谈判参与方的信息泄露。当然,作为谈判中介的第三方要符合公正性前提假设,让谈判双方相信谈判中介在谈判过程中不会损害自己的谈判利益。

2.2.2 B to B 多属性依赖谈判

1. B to B 多属性依赖谈判概念的提出

传统多属性谈判通常假设谈判中的多个属性是相互独立或符合线性关系的。本书中 B to B 多属性依赖谈判建立在传统多属性电子谈判基础上,考虑各个属性间的依赖关系,并且认为此依赖关系为非线性依赖。B to B 多属性依赖谈判可以解决传统电子谈判中的低效率与错失“共赢”的最优解情况。

“多属性依赖谈判”(Multi-attribute Dependence Negotiation)最先是由 Mark

Klein 等人于2003年在文献[2]中提出的。它是指多属性谈判过程中,需要考虑谈判合同中的多个属性间的复杂的非线性依赖关系。在实践中将这种多个属性间存在复杂依赖关系的多属性谈判定义为多属性依赖谈判。与传统的多属性谈判相比,多属性依赖谈判是一种新的谈判方式,它放松了原有谈判简单假设约束,更具一般性,更具谈判效率,更符合谈判参与企业的现实需求。

2. B to B 多属性依赖谈判概念的内涵

"多属性依赖谈判"这一词语是一个整体。本书中的"多属性依赖"并不是对通常概念的商务合同的多样性与内容复杂性等的描述,而是特指多属性谈判中要考虑各属性间存在的复杂依赖关系,把这种谈判中的谈判合同(标的)定义为多属性依赖。它将"多属性依赖"与"谈判"一词作为一个整体,也就是说,在谈判过程中,应同时考虑多属性的复杂依赖性。该谈判方式在实际应用的电子商务谈判系统中尚未进行实际应用,仍处于理论研究阶段。

由于多属性依赖谈判放松了原有多属性谈判属性间的独立或线性关系假设,因此谈判参与方可以根据企业自身的生产经营配置要素给出相对应的效用。例如,生产企业的产品价格与生产质量具有非线性依赖关系。当买方给出不同价格与质量的谈判合同提议时可以给出自己对应的效用值,且效用值并不是质量与价格的简单加权。多属性依赖谈判的提出是对谈判企业的潜在价值的深度挖掘,对谈判中的效率与收益有进一步的提升。

在 B to B 谈判中,这种多属性间复杂依赖关系表现得更加突出,便于揭示多属性依赖谈判的内在规律与特征。因此,本书选择占据电子商务主导地位的 B to B 电子商务市场的多属性依赖谈判进行研究。

3. B to B 多属性依赖谈判研究的边界

由于 B to B 多属性依赖谈判问题的复杂性,相关研究不可能面面俱到,因此框定研究范围与边界十分必要。本书抓住核心问题展开研究,拟将运用混合智能计算技术构建 B to B 多属性依赖谈判模型与求解算法作为研究的重点内容,并运用计算机仿真技术对模型与求解方法进行验证。在研究中将重点放在模型构建与问题求解上,在研究中广泛运用前人研究成果,直接运用相关文献的研究结论,并且以该研究领域专家所公认的理论方法作为研究基础。而对于谈判决策的博弈论 Nash 均衡的数学证明分析、各种智能计算技术方法的细节与仿真编程的代码实现等,由于篇幅限制并没有展开讨论。

2.3　B to B 多属性依赖谈判复杂性成因及特征

由于 B to B 多属性依赖谈判问题的复杂性,要想成功构建该问题的谈判模型与求解算法,就必须对 B to B 多属性依赖谈判的复杂性成因有清楚的认识,了解此类多属性谈判的主要特征,才能有针对性地构建谈判模型与求解算法。B to B 多属性依赖谈判的复杂性主要是由考虑谈判合同中多个属性的复杂非线性依赖关系引起的。因此下面针对 B to B 电子商务中这种复杂依赖关系的形成进行分析。

2.3.1 B to B 谈判中多属性依赖关系分析

在一般的 B to B 电子商务交易谈判中,涉及商品的谈判属性主要包括价格、质量、数量、交货期、支付方式、交货方式、产品规格、售后服务条款等具体问题。由于本书的研究关注于多个属性间的非线性依赖关系,这种依赖关系在商品价格、质量、数量等属性中体现得最为充分,因此本书仅就这些主要属性间的依赖关系进行分析;而交货期、支付方式、交货方式等其他谈判属性间相互关系简单且所备选方案有限,可直接设定并能定量估算出对产品价格的影响,如可以指定交货日期、指定交货方式,随着不同的交货日期与指定交货方式及所需要的运输费用根据商品数量不同,可以直接计算出来确定值,因此书中不做过多讨论。

1. 商品价格与商品质量之间的非线性依赖关系

一般情况下,在企业生产加工产品与定价的过程中,产品的价格与产品的质量存在依赖关系。

① 对于商品的提供方,也就是卖方来说,其产品的定价与生产成本有直接关系。质量成本的分析,是指分析产品质量对成本高低的影响,并根据两者相互关系对经济效益产生的影响程度进行分析。在实际应用中,企业要想获得高的经济效益,质量过高或者质量过低都是不可取的。企业只有在低成本的条件下实现最佳的质量水平,才能获得较高的收益。从理论上说,要想使企业的产品质量实现最佳的质量水平,就要围绕企业的经营目标来分析企业内外部存在的各种影响因素,在满足必要功能的前提下,与成本耗费之间实现最佳结合。从这个方面来看,计算质量成本的目的是进行质量成本分析,并对其进行效果分析。早期的 Cobb-Douglas 生产函数揭示了这种依赖性。质量成本函数 $c(m)$ 方程是以生产函数方程的结构形式构造的,如式(2.1)所示;其原理如图 2.1 所示。

$$c(m) = \alpha_1 m^{-\beta_1} + \alpha_2 m^{\beta_2} \tag{2.1}$$

式中 m—— 商品质量;

$\alpha_1,\alpha_2,\beta_1,\beta_2$—— 待确定参数。

从图 2.1 中可以看出,生产成本与产品质量具有一定的依赖关系。企业生产要素的配置水平不同,其关系也不同。两者的关系总体呈现为随着产品质量的提高,所需生产成本先降后升的 U 形曲线。

② 对于买方而言,对某一产品的质量要求也不是简单的线性关系。采购产品的质量在某一区间时,买方的收益特别敏感,而在质量水平过低或过高时收益不会出现明显变化。两者的关系一般呈现为S形曲线,如图2.2 所示。其收益函数可以简化为

$$\pi_{Bm} = v(m) - \bar{p}$$

式中　π_{Bm}——买方平均收益；

$\bar{p}$——商品市场平均价格；

$v(m)$——在商品质量为m时获得的平均收益。若$v(m)$在$m \in [m_B^-, m_B^+]$区间变化，则其符合边际递减规律，用S形函数表示。设买方B的收益函数方程为

$$\pi_{Bm} = v(m) - \bar{p} = [v(m_B^-) + f(s)] - \bar{p} = \left[v(m_B^-) + \frac{1}{a + be^{-c(m-d)}}\right] - \bar{p} \tag{2.2}$$

式中　a,b,c,d——待确定参数；

$v(m_B^-)$——质量取下限值时的收益。

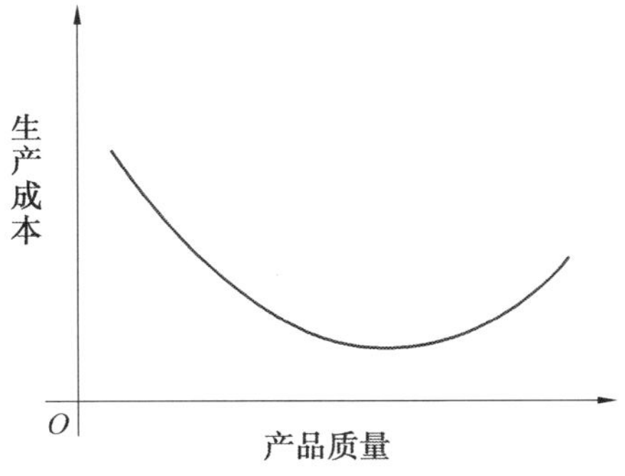

图2.1　质量成本函数

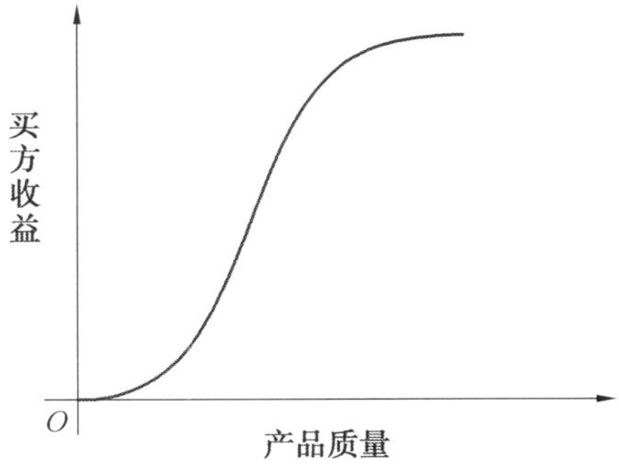

图2.2　质量收益函数

2. 商品价格与商品数量之间的非线性依赖关系

商品的数量在商品交易中占有重要位置。商品数量对于交易价格具有依赖关系。

①对于商品的提供方，也就是卖方来说，成本函数提示了企业生产成本与产量之间的关系，如图2.3所示。可以看出成本C与数量Q之间存在非线性依赖关系，即在成本曲线开始时，随着产量的增加，成本随之降低，而在M点之后，成本随产量的增加而增加。与点M对应的成本是最低的，对应的产量Q_C是最佳生产数量；对应其他位置的产量时，成本相对较高，所以对于卖方而言当销售量在Q_C时收益最大。

②对于商品的买方来说，商品数量与采购价格也具有非线性依赖关系，采购及持有商品成本与订货数量相关。其中，经济订货数量（Economic Order Quantity，EOQ）是指将库存维护和订单处理结合在一起的供应订单批次，以使成本降至最低。这批产品的确定是基于这样一个假设，即全年的需求和成本相对稳定。由于EOQ是在单个乘积的基础上计算的，因此其基本公式的形成不考虑联合订购的影响。经济订货批量的计算原理如图2.4所示。

③其他依赖关系。除了商品价格与商品质量、商品数量等有非线性依赖关系，

商品数量对于运输费用也具有直接影响，但在给定运输方式前提下，运输费用可以直接计算求得，因此可以与其他费用合并为常数项在仿真实验中表示。

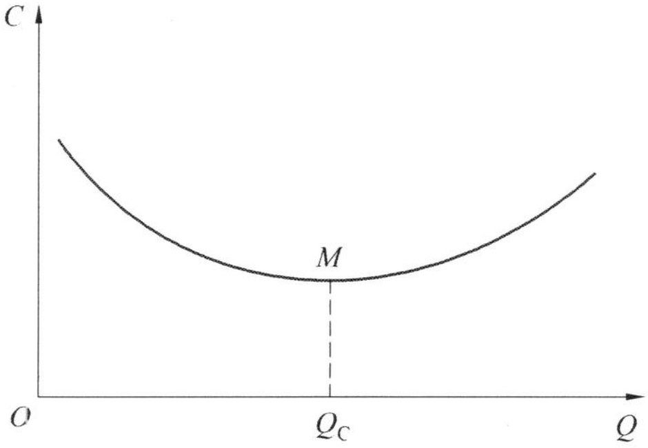

图 2.3　成本函数

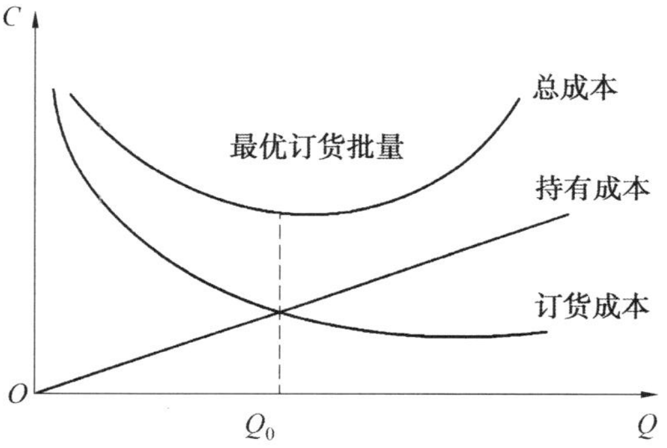

图 2.4　经济订货批量

2.3.2　B to B 多属性依赖谈判主要特征

由上面的多属性依赖谈判复杂性成因分析可以看出，B to B 多属性依赖谈判具有的一些特征是原有谈判方式所没有的。其主要特征描述如下：

①B to B 多属性依赖谈判的商品中，多个属性间，特别是商品价格与商品质量、商品数量间具有非线性依赖的复杂关系，该特征是多属性依赖谈判概念的由来，也是其本质特征之一。

②B to B 电子商务中，以多属性依赖谈判方式进行谈判的企业，其谈判商品的多属性间的复杂依赖关系呈现出具有一定规律的非线性变化，且是可以依据企业生产运营数据进行研究的。其关系曲线具有连续性，并且可以运用智能方法进行描述与逼近。例如运用神经网络对企业生产经营数据进行学习训练，使训练成功后的神经网络逼近企业经营管理中的潜在商业规律。

③ 由于多属性谈判过程中谈判参与方要根据谈判提议（给出价格、质量与数量的一个方案）给出自己的效用评价，因此这种多属性依赖谈判难以采用人工方

式即时进行。因为谈判人很难根据自己的经验直接给出相关的效用评价。而在谈判前，通过软件代理对企业数据进行学习可以有效获取企业的商品属性间的复杂关系，并给出对应的效用评价。因此该类谈判方式特别适合运用智能计算技术进行建模与求解。

2.4　B to B 多属性依赖谈判模型

2.4.1　B to B 多属性依赖谈判模型设计关键要素

在 B to B 多属性依赖谈判模型设计中，涉及很多关键要素。只有把握住这些关键要素才能使谈判模型达到设计要求。这些关键要素包括：B to B 多属性依赖谈判概念的界定、B to B 多属性依赖谈判模型体系框架、B to B 多属性依赖谈判决策理论方法、B to B 多属性依赖谈判模型多边谈判机制与多种智能算法的创新融合等；还包括：B to B 多属性依赖谈判基本模型构建、改进后的基于订单合并的 B to B 多属性依赖谈判模型的构建，以及在模型构建与验证中得到充分运用的计算机仿真技术。

1. B to B 多属性依赖谈判概念的界定

前文中对 B to B 多属性依赖谈判的相关概念进行了界定：从 B to B 多属性依赖谈判模型研究领域——B to B 电子商务中的电子谈判，到 B to B 多属性依赖谈判概念的提出，再到 B to B 多属性依赖谈判内涵分析与研究的边界设定，并进一步分析了 B to B 多属性依赖谈判复杂性的成因与基本特征。这使 B to B 多属性依赖谈判模型构建具备了清晰的理论支撑与设计边界。

2. B to B 多属性依赖谈判模型体系框架

理清 B to B 多属性依赖谈判模型体系框架是模型设计中的重要环节，也是模型设计成功的基本保障之一。本书通过 B to B 多属性依赖谈判模型设计要素的分析，按照模型设计的基本原则设计 B to B 多属性依赖谈判模型。从总体上保证设计科学，设计思路清晰，使复杂的工作任务分解成为难度降低的多个子任务。

3. B to B 多属性依赖谈判模型决策理论与方法

B to B 多属性依赖谈判模型构建中的决策理论研究是保证模型设计成功的重要理论支撑。本书梳理了多属性效用理论，并选取 B to B 多属性依赖谈判的效用函数，指出其非线性效用求解空间与传统效用空间的不同，提出了两点基本假设，并提出运用机器学习方法可以代替专家给出谈判参与方效用的方法，从而为 B to B 多属性依赖谈判模型构建与求解提供决策理论基础。

4. B to B 多属性依赖谈判模型多边谈判机制

在 B to B 多属性依赖谈判模型设计中，多边谈判机制的设计是模型构建的前提与基础。本书将多 Agent 系统引入 B to B 多属性依赖谈判中，并将其与多种智能算法创新性融合,使 B to B 多属性依赖谈判模型从传统的双边谈判拓展到"一对多",进一步拓展到"多对多"的多边谈判模型。这使研究突破了原有硬件与软件资源的设定局限,为 B to B 多属性依赖谈判模型的进一步实际应用奠定了技术基础。

5. 智能算法的分析与创新融合

B to B 多属性依赖谈判模型构建中涉及谈判企业效用偏好的机器学习、在可行解空间搜索近似最优解的过程、订单合并判断与组合方案寻优等一系列与智能算法相关的核心内容。可以说,智能算法在模型构建中占据主要地位。由于单一的智能计算技术不能完成谈判的整体功能,因此本书对现有主流智能计算技术进行了分析,并创新地将多 Agent 系统技术、模糊神经网络与遗传算法等进行整合应用,完成多属性依赖的谈判过程与计算求解。

6. B to B 多属性依赖谈判基本模型的构建

抓住研究中的主要科学问题,构建基于中介的 MAS/GA 谈判模型。解决参与谈判企业的多属性依赖谈判模式,使企业可以取得更高的谈判收益与谈判效率。在模型构建中,关键要素体现在模型整体性的设计与把握上,使 B to B 多属性依赖谈判模型的各子系统可以相互联系配合,共同高效有序地完成 B to B 多属性依赖谈判的任务。

7. 基于订单合并的 B to B 多属性依赖谈判模型的构建

本书在对 B to B 多属性依赖谈判基本模型设计的基础上,进一步抓住了企业在谈判中的数量折扣问题,提示了通过订单合并方式可以进一步提高谈判双方收益的模型设计方法;并对原有研究模型进行改进,使之更具有现实意义与应用性。模型设计的关键要素是订单合同规则的制定与求解效率的保证等问题。

8. Matlab 计算机仿真技术的应用

在模型构建与验证过程中,本书多次使用 Matlab 计算机仿真技术,使在实验室研究阶段的模型设计得以完成;通过仿真技术对模型与计算方法进行了验证,并为模型的进一步完善与推广提供技术手段。运用 Matlab 技术进行计算机仿真对于完成模型设计、构建与验证起到了重要作用。

2.4.2 B to B 多属性依赖谈判模型设计原则

在 B to B 多属性依赖谈判模型设计过程中,依据一定的设计原则是保证解决 B to B 多属性依赖谈判问题正确建模的指导依据。本书在 B to B 多属性依赖谈判模型设计与构建过程中,主要遵循科学性原则、系统性原则与创新性原则。

1. 科学性原则

B to B 多属性依赖谈判模型构建是一个创新的研究,相关可供参考的资料较少,但间接的研究相对较多,如何有效整理并运用前人已有的成果,按照科学研究的一般性规律进行进一步的研究,抓住 B to B 多属性依赖谈判问题的本质特征,是研究的首要问题。解决 B to B 多属性依赖谈判的建模问题就必须遵循科学性原则,按照科学研究方法,科学分解研究中的难点,科学组织研究环节安排,才能使研究顺利完成。

2. 系统性原则

由于 B to B 多属性依赖谈判具有一定的复杂性,涉及多个子系统,并且要对多个要素进行系统整合,完成企业间多个基本属性的谈判过程,所以必须遵循系统性原则,以追求系统效能最大化为目标,而不是局部子系统的最优。本书采用系统性思维,通盘考虑 B to B 多属性依赖谈判模型构建过程中的问题,合理协调各要素间关系,创新多种智能计算方法进行系统性设计。

3. 创新性原则

B to B 多属性依赖谈判问题的研究,在传统谈判基础上,弱化了多属性决策中属性间独立的假设约束,旨在使谈判更具谈判效率与实际意义。相关可借鉴的研究成果有限,所以在研究中,本书依据创新性原则,加大了前期研究成果的借鉴范围,充分利用计算机科学、工业工程、软件工程、运筹学、管理学与经济学等多个门类及学科的成果。总之,本书充分发挥创新性思维,以创新原则为指导,按创新科学规律进行 B to B 多属性依赖谈判模型设计。

2.5 多属性依赖双边谈判决策

谈判决策问题贯穿于多属性依赖双边谈判的方案选取与合理分配资源等方面的内容中,参与谈判的双方都希望获得最优的谈判决策方案。但是,多属性谈判一般不存在能使所有谈判属性同时达到最优的绝对方案,而是考虑多个属性的折中方案。在多属性依赖谈判的相关文献中,为了定量评价谈判双方的利益,多以多属性效用理论来表示谈判双方的利益值。根据不同的决策目标,谈判决策可以分为基于博弈论的多属性决策与基于多目标优化的谈判决策。

2.5.1 效用理论

效用理论(Utility Theory)一般由领导者在进行决策时采用,受决策者的主观意识及客观性因素的影响。决策者根据决策时所处的状态,以及对未来发展的期望,进行相关的预测,包括可能的满意程度及可能产生的利益或者损失。决策人在做决策时产生的对方案或产品的满意程度,被定义为效用。它是消费者自身的主观感受,是以决策者的现状为基础的精神感受值。效用理论的客观性在于决策时应充分考虑其当前所处的外界信息环境,并且必须符合决策者的需求。如把某方案的后果记为x,则某决策者对于该方案后果的效用值为关于x的函数$u(x)$。效用值同时具有客观性和主观性。效用值的客观性指效用值取决于决策者现状,所以不同决策者对于相同的事物具有不同效用值;效用值的主观性指效用值的大小取决于特定决策者的价值观及其对风险的态度。

2.5.2 多属性效用理论

多属性效用理论(Multiple Attribute Utility Theory,MAUT)是一种基于不确定性和偏好分析的多个不相关目标的决策工具。MAUT 是由效用理论演变而来的,它是指在决策过程中,通过评价决策方案的效用函数量化后的属性评价值,即效用值反映决策者对决策方案的满意程度;通过对评价结果的满意程度,来决定决策方案的优劣。针对不同形式的决策问题,决策的准则不同:对于选择问题,挑选效用最优的决策方案;关于有序分类问题,按预先定义的不同效用类别对决策方案进行划分;针对排序问题,按照效用大小对决策方案进行排序;至于描述问题,则通过效用构成分析对决策方案进行评价。很多研究人员采用多属性效用理论作为解决多 Agent 协商的决策方法。

2.5.3 多属性依赖谈判的效用函数

在多属性依赖谈判中,由于有依赖关系的存在,原有的线性效用函数假设失效,谈判双方的效用函数表现为复杂的非线性效用函数。在这种情况下,一个 Agent 找到满足自己要求的理想合同变成了求解非线性最优化问题。而非线性效用函数的表示和求解运算与线性效用函数相比复杂得多。

有学者运用多维约束的方法给出了非线性效用函数的描述,具体如下:

假设在处于中立位置的中介协调人协调下,有 n 个 Agent 要达成谈判一致。有 m 个属性要进行谈判,即 $s_j \in S$,谈判属性的个数加 1 构成了效用函数空间的维度数。例如,若就两个属性进行谈判,则构成了三维的效用空间。其中,s_j 取值于整数集合$[0,X]$,即 $s_j \in [0,X](1 \leqslant j \leqslant m)$,则一个合同可以表示为属性值的向量 $\boldsymbol{s}=(s_1,\cdots,s_m)$。可以通过多维约束的方法来描述一个 Agent 的效用函数,假设有 l 个约束,$c_k \in C(1 \leqslant k \leqslant l)$,每个约束表示一个或多个维度与对应效用值构成的空间区域。当且仅当合同 $\boldsymbol{s}$ 满足上述要求时,约束 c_k 有值 $w_i(c_k,\boldsymbol{s}) \in C$。图 2.5(a)是涉及两个谈判属性的二维约束示例,在属性 1 的取值范围为[3,7],属性 2 的取值范围为[4,6]时,约束对应的效用值为55。每个 Agent 都具有自己独特的约束集合,一个 Agent 对合同 $\boldsymbol{s}$ 的效用定义为 $u_i(\boldsymbol{s})=\sum_{c_k \in C, \boldsymbol{s} \in x(c_k)} w_i(c_k,\boldsymbol{s})$,其中 $x(c_k)$ 是 c_k 中的可能合同(提议方案)。这种描述产生了由满足约束要求的高点与满足少数或没有满足约束的低点组成的凹凸不平的效用空间。图 2.5(b) 是具有两个谈判属性的二维约束的效用空间例子。在图中可见"高山"与"低谷"组成的高非线性效用空间,这是其与原有的多属性谈判的重要区别之一,原有的合同效用在假设属性独立情况下,可以通过基于权重方式对每个属性效用求和来计算得到,并产生平坦的单目标优化的效用空间。

在上文中,描述的效用函数是通过约束与对应的效用值构成的多维空间实现

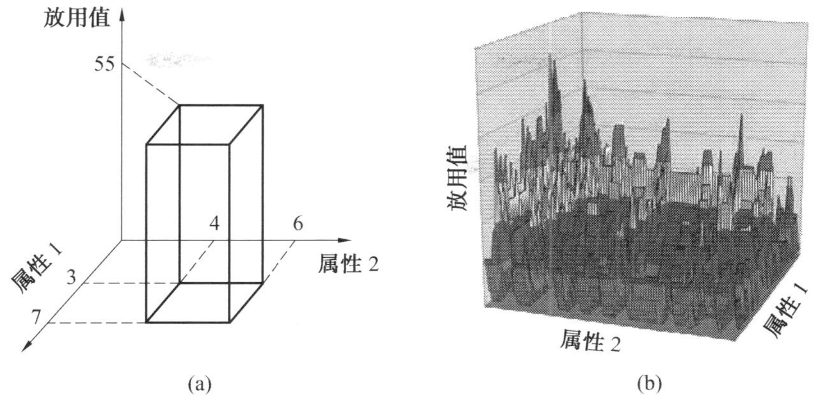

图 2.5　非线性效用函数与复杂效用空间示例

的。主要存在两方面的问题:一是忽略了效用函数的连续性变化规律,使效用函数的表述过于复杂,不能通过公式化的方式给出;二是仅通过计算机仿真方式随机生成约束对应的效用值,并没有给出有效的效用函数确定方法,与电子商务谈判中的实际应用有很大的距离。

因此,针对电子商务谈判的特点,本书认为电子商务谈判中的多属性依赖效用函数的表述应符合如下假设。

假设 1:谈判中的多个属性间的依赖关系呈现为一定规律的非线性变化,并可以运用数学方法进行定量描述。

假设 2:多属性依赖构成的谈判效用空间不会像上文中所说的由“高山”与“低谷”形成,而更有可能是由分段的“波浪”组成。

假设 3:这种“波浪”可以通过数学方法或智能计算方法进行描述与逼近。

针对上述假设,多属性依赖的效用空间表述的示意图如图 2.6 所示。

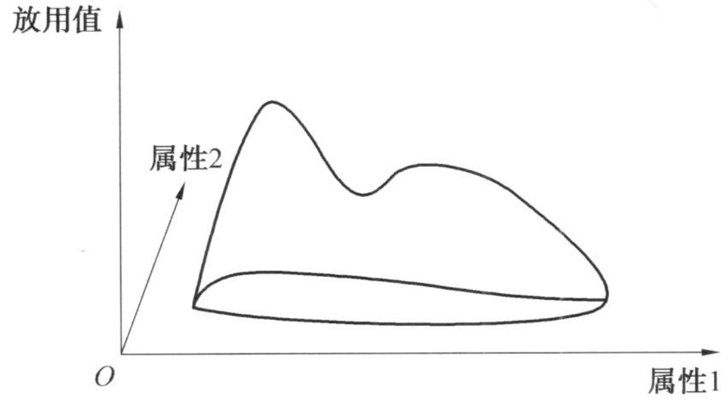

图 2.6　电子商务谈判中多属性依赖效用空间示意图

上文的效用函数描述的是单方面的 Agent 的效用函数,那么如何根据谈判双方的效用函数确定最终的谈判方案呢?根据不同的决策分析,可以采用不同的决策方法,下面主要从目前较为常用的博弈论的多属性决策与多目标优化的决策两方面加以说明。

2.5.4 机器学习与谈判方案效用评价

1. 机器学习的定义

机器学习(Machine Learning)是指通过计算机模拟,利用现有经验或者知识,进行不断学习来改善本身的系统性能,从而获取新知识或新技能。如果通过经验驱动改变了人类的行为,则这种驱动现象被称作学习。在卡内基梅隆大学的 Tom Mitchell 所撰写的著作 *Machine Learning* 中关于机器学习的定义是目前使用最广泛的,即一个计算机程序从经验(Experience, E)中学习任务(Task, T)和性能衡量标准(Performance, P)的相关方面,如果由P进行度量的任务T的性能通过E得到改善,那么称该方法为机器学习。机器学习是人工智能领域研究的核心内容,被视为实现计算机智能化的有效方法,广泛地应用于人工智能的各个领域。机器学习被认为是获取知识的基本手段,以及使计算机智能化的根本途径。

随着人工智能技术的发展,在问题求解过程中,知识起到的作用更加重要。多年来,关于人工智能研究者们持续关注两个问题:一是智能系统如何获取及处理直接相关的知识;二是如何使智能系统具有一定的适应能力。引入机器学习正是为了实现这两个目的,实现的途径有以下三个方面:

① 通过组建能代表历史经验的知识库,实现该领域知识的建立和使用。

② 实现知识的自动获取,在缺乏知识的情况下,决策者可利用已有的知识经验进行问题分析。

③ 当出现与历史相似的决策场景时,直接利用经验知识给出问题的解决方案。

总之,学习是人类智慧的表现,也是获取知识的基本途径,是一个复杂的、多侧面的行为过程。机器学习就是利用学习这一特征,使系统具有智能性与自适应性,并且随着学习经验的积累,能够自动提高系统本身的性能。

2. 机器学习的演变

20 世纪 50 年代中期,机器学习与人工智能同时出现,并且发展非常迅猛。早期的机器学习基于神经元网络模型,其中 Frank Rosenblatt 的线性感知器在当时最具有影响力。20 世纪 60 年代初期,机器学习的主要内容是源于对人类学习与心理学进行模拟的符号式概念获取,其主要特点是用符号表示来代替数值表示,机器学习系统的目标是建立表达知识的符号描述。其中具有代表性的工作有 Hunt 和 C. I. Hovland 的概念学习系统(CLS),P. Winston 的结构学习系统。20 世纪 70 年代中期,机器学习进入符号学习迅猛发展的时期。这时专家系统理论(人工智能分支)逐步形成并快速发展起来,本时期的重要内容是知识获取,同时各种学习策略也陆续出现,例如 Dejong 的解释学习,Winston 的类别学习,Steep 和 Michalski 的观察与发现学习等。20 世纪 80 年代后期,机器学习发展到连接学习和符号学习时期。连接学习中,迅速发展的神经网络,广泛应用在语音识别、图像处理等领域。同时,有关符号学习的各种理论与方法也日渐成熟,取得了迅猛的发展,例如 Michell 和 Dejong 的分析学习,B. J. E. Laird 等的经验学习系统(SOAR) 等。

通过机器学习的演变可以发现,机器学习在人工智能领域发展非常活跃,就像人类能从外部环境提取和接收信息一样,它也可以通过一定的方法建立其知识体系,从而高效地解决实际出现的问题,并且通过各种机器学习方法的综合运用,避免各种方法本身的不完善性。

3. 基于机器学习的谈判方案效用评价

在利用机器学习技术解决谈判效用评价的问题中,可以通过习得谈判参与人的隐性效用函数,并最终可以代替人来进行谈判方案的效用评价。本书利用动态模糊神经网络的学习能力,学习谈判企业给出的谈判提议与对应效用,获取谈判企业谈判中对多属性依赖谈判提议方案的效用评价知识,并提取规则集嵌入到移动 Agent 中代替谈判人在谈判平台中进行自动谈判。

(1) 利用遗传算法。

遗传算法(Genetic Algorithm) 起源于达尔文的进化论思想。应用于谈判时,其学习思想是:遗传算法随机产生若干个谈判解,并组成初始种群,即初始种群中的谈判解并不一定是好的解。然后,软件 Agent 利用产生的初始谈判解和其他 Agent 进行智能谈判。在谈判回合中,当每代种群产生后,根据效用函数值大小,Agent 评价当前种群中的每个谈判解的优劣,复制优良解,并进行交叉、变异等运算,产生下一代子种群。在遗传算法中,效用函数值越高的个体谈判解,被选中作为父代复制的概率就越大。新一代子种群产生以后,成为新的个体谈判解,可以作为新一轮谈判回合的报价方案。理论上,经过多代交叉、变异后,谈判 Agent 能够获得近似最优谈判解。但是,实际谈判的结果还取决于进化的代数、算法参数的配置等。因此为了获得近似最优的谈判解,进化的代数一般取值为 20 ~ 4 000。

(2) 利用规则学习方法。

美国马里兰大学提出利用决策树来进行谈判规则学习的方法,其思想是:首先,通过人工产生或者通过人工谈判时谈判专家的帮助获得一组训练数据集;随后该训练数据集被输入到决策树学习软件包,例如 RuleQuest 研究小组的 C. 50 算法;最后通过该算法构造出决策树,随之产生相应的谈判规则。

总之,有关智能谈判的机器学习方法理论上虽然仍然需要进行深入的研究,但基于机器学习算法可以获取相应的谈判效用偏好,代替显性的效用函数,并在谈判过程中实现自适应学习,逐步代替人来进行谈判。谈判人员只需将其嵌入到谈判 Agent 中,就能够避免手工设计和现实谈判中效用函数难以构建的问题。

2.5.5 多属性依赖谈判决策方法

在近期的文献中可以看出,多属性依赖双边谈判的决策方法多是基于效用函数进行论述的。其中,根据决策分析的角度不同,基本上分为两类:一类是以博弈论为理论基础的,以谈判双方获得 Nash 均衡达到公平分配为目标的求解方法;另一类是以实现社会福利最大化为目标的求 Pareto 最优解的多目标优化求解方法。

1. 求解 Nash 均衡的决策方法

谈判过程可以看作是一种竞争活动,在谈判过程中,各方均争取对己方有利的局面,从而使己方获得最大利益。因此,可以从博弈论的角度对谈判进行研究。而博弈论的研究首先是建立在一系列基本数学假设基础上的,并具有均衡概念与严格定义的模型。多属性依赖的双边谈判决策的目标函数常通过求解满足 Nash 均衡的谈判合同来实现,而满足 Nash 均衡的谈判是博弈论领域中公认的热点问题。Nash 均衡谈判方案的数学描述如下

$$\arg\max_{s}(u_1(s)-d_1)\times\cdots\times(u_i(s)-d_i)\times\cdots\times(u_n(s)-d_n) \quad (2.3)$$

式中 u_i—— 谈判参与人 i 在达成一致协议时的效用;

d_i—— 谈判参与人 i 没有达成协议时的效用。

$(u_1(s)-d_1)\times\cdots\times(u_i(s)-d_i)\times\cdots\times(u_n(s)-d_n)$ 被称为Nash乘积。在本书的谈判情况下,$d_1=\cdots=d_n=0$,因此,式(2.3) 转化为

$$\arg\max_{s}\prod_{i\in N}u_i(s) \quad (2.4)$$

以式(2.4) 为谈判决策目标函数的决策模型是求解 Nash 乘积最大,而这种求解 Nash 乘积最大实质是求解参与谈判各方的效用积最大。因此在上述非线性效用空间情况下,为每个参与方求解最优的谈判合同可以运用众所周知的非线性优化技术来实现,如模拟退火算法、进化算法等智能求解方法。但直接运用上述基本智能求解算法会产生谈判参与方私有信息泄露的问题。因此,需要对智能算法进行改进并建立适应多属性依赖谈判实际需求的谈判模型。

2. 基于 Pareto 最优的决策方法

在谈判是以最大化社会福利为目标的模型中,通常应用求解谈判各方的 Pareto 最优解来实现。人们把由 Pareto(意大利著名经济学家) 提出的一种经济状态叫 Pareto 最优,这种经济状态主要是一种资源配置状态。对资源的任何再配置,都不会存在使至少有一人收益增加的同时而不使其他人的收益减少的情况。Pareto 最优也经常用 Pareto 改进来进行说明,Pareto 改进是指在资源重新配置时,使至少一人的境况变好的同时没有人的境况变坏。所以不再存在 Pareto 改进的资源配置状态就是 Pareto 最优状态。多属性依赖谈判的求解是一个达到 Pareto 最优的谈判合同的过程,其具体定义如下。

对于合同 $\boldsymbol{s}=(s_1,\cdots,s_m)$,如果不存在 $\boldsymbol{s}'$ 使 $U(\boldsymbol{s}')>U(\boldsymbol{s})$,则合同 $\boldsymbol{s}$ 被称为该问题的 Pareto 最优解。其中,$U(\boldsymbol{s})$ 为在合同为 $\boldsymbol{s}$ 时对应的社会福利,在本书中表现为

各个谈判方的效用和（$U(s)=\sum_{i\in N}u_i(s)$）。由此，求解谈判问题可以转变为求解 Pareto 最优解问题。定义为

$$\arg\max_{s}\sum_{i\in N}u_i(s) \tag{2.5}$$

运用式(2.5) 求解 Pareto 最优解的合同实质上是求满足最大化的社会福利的谈判合同。

3. 决策方法分析

在上述的谈判决策过程中，根据不同的决策考虑的重点不同，分别采用了 Nash 均衡和 Pareto 最优的概念。但是这两种决策方法考虑谈判过程中的侧重点不同，采用 Nash 均衡主要考虑到谈判参与人在谈判过程中收益的公平性。基于这种谈判决策思路考虑的是，在谈判参与方达成谈判合同时收益的公平性前提下，尽量找到使社会福利最大的这种均衡。式(2.4) 正符合了这种求解思想，但是否满足了式(2.4) 的要求，就会使社会福利最大呢？答案是否定的。例如：假设有谈判双方 A 与 B 进行谈判，如果按式(2.4) 进行求解，在达成谈判协议时，A 获得的效用为 0.5，B 获得的效用为 0.5，则 Nash 乘积为 0.25，社会最大福利为 1。但在求解过程中，很可能将 A 效用为 0.3，B 的效用为 0.8，Nash 乘积为 0.24，小于 Nash 乘积为 0.25 的谈判协议丢弃，而这时的社会福利却是 1.1，比最终的 Nash 均衡解的社会福利要大。所以在多属性依赖的双边谈判情况下，采用 Nash 均衡决策方法并不能保证所得到的社会福利最大。

与之相反，采用式(2.5) 进行 Pareto 最优解的决策方法能够保证所求得的解满足谈判双方的社会福利最大，但却不能保证达成的合同对谈判双方的收益公平。如上例中，如果采用式(2.5) 求解而最终达成的协议使得 A 方获得的效用为 0.3，B 的效用为 0.8，则总的社会福利为 1.1，谈判双方的收益相差 0.5。比较 Nash 均衡决策方法，式(2.5) 在保证社会福利最大的情况下，并不能保证谈判参与人获得公平收益。因此，Pareto 最优的谈判决策方法与 Nash 均衡的谈判决策方法各有侧重。但在实际谈判中，我们希望既要考虑谈判双方的公平分配，又要考虑社会福利的最大化问题。Fujita K 和 Ito T 等给出了较好的解决方法，即将求解分为两步进行。先求解 Pareto 最优的谈判决策方案解集，再在 Pareto 解集中进一步找到与 Nash 均衡解相近的 Pareto 解作为谈判的最优解，在考虑社会福利最大化的前提下兼顾公平性。

2.6　多属性依赖双边谈判机制

2.6.1　协调人谈判机制的引入

“机制”泛指一个工作系统的组织或部分之间相互作用的过程和方式（《现代

汉语词典(第 7 版)》,商务印书馆,2016 年)。在谈判理论中引入机制的概念,则谈判机制就是指:为确保参与谈判的买方与卖方最终的谈判结果满足谈判双边收益最大化的要求,而建立的一系列规则。根据研究者对谈判问题关注重点的不同,提出的谈判机制也不尽相同。

近年来,在电子商务谈判中通常采用"offer-counter-offer"这种提议与反向提议交互的谈判机制。以这种方式进行的谈判是基于连续的交互式协议进行的。其谈判策略一般应用 Kreps 连续均衡进行分析,但这种方法需要通过给出谈判参与者可能的历史来确定其谈判"信念"。贝叶斯规则经常用于确定这种连续信念。但是,在面临双边不确定的多属性依赖谈判时,贝叶斯方法出现了"回归贝叶斯更新问题",这导致该方法出现了计算困难。除了贝叶斯更新问题,该方法还存在议价能力问题。一个简单的基于议价能力的谈判策略是"延迟出价"(delaying-offer)策略。由于采用这种谈判策略,谈判 Agent 延迟出价或拒绝提出新的提议,这将导致谈判效率的低下。尽管谈判 Agent 愿意通过提交新的提议进行让步,但新的研究表明,具有依赖关系的多属性依赖仍会导致 offer-counter-offer 谈判机制输出结果失效。这是由于,当前 Agent 如果对其他 Agent 的提议仍采用简单让步的策略,则可能导致错过谈判双方可以达成一致的更好的合同。

针对上述问题,有关研究引入了"协调人"的中介谈判机制。R. J. Lin 提出了一种基于简单谈判文本(Single Negotiation Text,SNT)方法的中介谈判机制。SNT 方法是由 R. Fisher 最先提出的,是指在谈判过程中,由处于中介位置的协调人为谈判双方提出一个 SNT-1 提议方案,协调人并不参与提议方案的改进,只是为谈判双方提供了一个可供改进的最初方案而已。之后谈判双方就协调人的提议进行不断的改进。SNT 技术被用于聚焦谈判双方所关注的简单合成文本。在谈判过程中,这个简单合成文本对谈判双方要具有公正性,不偏袒任何一方。SNT-1 提议为谈判双方最终收敛于达成一致的方案提供了初始的原点,如图 2.7 所示。在产生 SNT-1 提议时,谈判双方 Agent 需要认识到,SNT-1 并不是即使存在争议也要求必须接受的最终方案,在之后的谈判过程中,将会不断被更好的、增加双方共同收益的新提议所代替,其仅为谈判提议提供初始方案。当 SNT-1 确定后,谈判双方开始对它同时或按次序进行改进。协调人则根据谈判双方对提议的修改或新的提议进行综合考虑确定出一个可进一步改进的新提议 SNT-2。依此类推,产生 SNT-3,如图 2.7 所示,这个过程一直持续直到所有的议题都达成一致。对于 SNT 谈判技术的挑战来自于由 Raiffa 提出的著名问题:如何构建一个谈判过程,使其能够激励真实信息的揭示并减少谈判策略的使用?

R. J. Lin 运用 SNT 技术提出的中介谈判机制回答了上述问题,谈判机制的核心是中介谈判协议的设计。谈判协议是一个反复迭代的过程体,如图 2.8 所示。在开始阶段,协调人为参与谈判双方提出 SNT-1 提议,谈判 A 方与谈判 B 方同时向协调人提交他们分别修改后的新的提议 SNT(A,1) 和 SNT(B,1)。协调人必须比

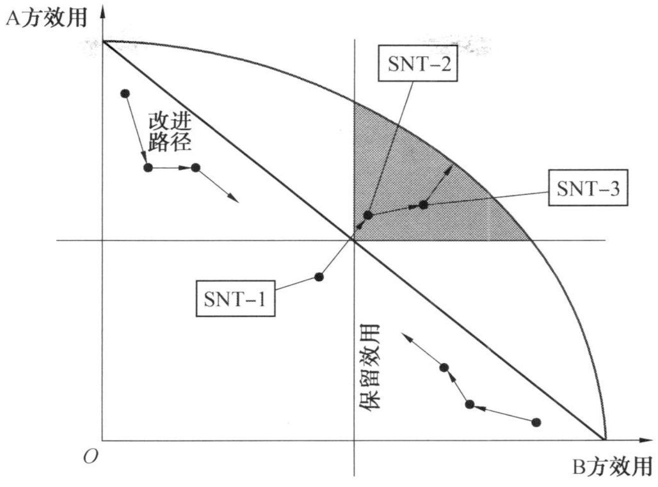

图 2.7　SNT 谈判技术

较并综合提交上来的提议形成提议 SNT-2。谈判 A 方与谈判 B 方对于协调人提出的 SNT-2 可能仅对其部分议题赞同,因此,双方共同赞同的部分就此固定下来,在以后的修改中不做变动。之后 A 与 B 集中精力对剩下的有争议部分做进一步的修改直到所有议题都被解决。在之后的论述中,R. J. Lin 进一步证明了这种中介谈判机制的 Nash 均衡问题,并说明该机制具有激励相容特性,因为 SNT 谈判技术可以通过鼓励谈判双方真实地提示私有信息的方式来对原有提议进行改进。基本原理为,谈判 Agent 都希望争取一个对自己有利的提议,而不愿让步使自己得到一个对其不利的最终交易结果;并且,双方参与谈判的 Agent 在双边不确定信息的情况下并不知道如何进行让步,但他们却可以知道如何改进一个提议使提议对他们更有利。因此,在达成一致的过程中,协调人必须防止可能对谈判效率有害的谈判策略出现。总体来说,该机制表现出了参与双方具有建设性的博弈过程,双方积极参与构建直到达到一个对双方来说是互利互惠的谈判协定。中介谈判机制表现出了合理特性,也就是说,中介谈判机制能够得到预期的输出,参与的 Agent 没有超出预期的行为动机。

虽然 R. J. Lin 单纯从谈判机制的角度论述了中介谈判机制在双边不确定信息下(如具有依赖关系的多属性双边谈判情况下)的有效性,但该机制没有采用多个属性作为一个整体进行同时谈判,也没有结合具体的谈判模型给出有效的谈判求解方法。而 Mark Klein 等在文献[2]中给出了基于随机搜索的智能算法对多个属性同时进行谈判的较为具体的谈判机制描述。在这个机制中,仍沿用中介机制的 SNT 技术,协调 Agent 给双方谈判 Agent 提出一个提议,然后谈判 Agent 对这个提议进行选择。如果谈判双方对这个提议表示接受,那么协调 Agent 保留提议,并在此基础上随机产生另外一个提议。如果有 Agent 拒绝这个新的提议,那么就选择离这个新产生的提议最近的一个双方都能接受的提议,重复这个过程直到没有更好

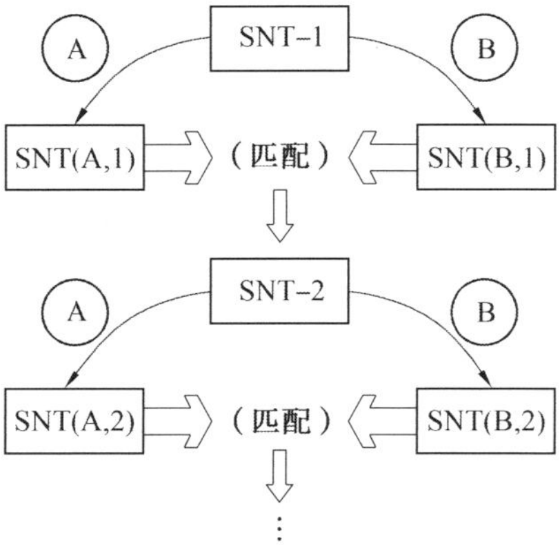

图 2.8　中介谈判协议

的提议出现或到截止时间为止。在文献[2]中,Mark Klein 等分别运用采用爬山算法的爬山者(Hill-Climber)和采用模拟退火算法的模拟退火者(Simulated Annealer)模拟了不同的谈判行为。如果一个提议比上一个相互都能接受的提议更好,爬山者将选择接受这个提议;模拟退火者使用一个蒙特卡罗机(Monte Carlo Machine)来选择是否接受提议,即

$$p(\text{accept}) = \min(1, e^{-\Delta u/T}) \tag{2.6}$$

式中　T—— 虚拟温度;

　　　Δ—— 效用递减。

文献[2]通过算例,证明了这种方法的收敛性,并且指出如果谈判双方 Agent 都应用模拟退火算法,那么谈判能够达成一个比双方都采用爬山算法更为有利的谈判结果。但是,如果谈判一方采用爬山算法,另一方采用模拟退火算法,则采用爬山算法一方最终会胜出,并且能够获得比双方更大的收益。因此,这种方法可能导致"囚徒困境"。进一步,Mark Klein 等改进了原有算法,引入了以退火计算为中介的双边谈判机制。该谈判机制将双方谈判 Agent 的退火算法移到中介 Agent 中,避免了谈判 Agent 陷入失效的合同中。谈判双方 Agent 通过对中介 Agent 的提议投票方式与中介 Agent 进行信息交换,并通过仿真分析了这种投票方式,说明该机制基本符合激励相容特性。

在该模拟退火中介谈判机制中,效用函数仅采用每个属性为"0"或"1"的二值假设,而对于多值情况该机制是否能够在有效时间内结束并未进一步讨论,而二值属性并不符合电子商务环境下的一般谈判情况。遗传算法是以模拟达尔文进化论为基础,通过遗传选择操作与自然淘汰过程的计算模型。标准遗传算法(Standard Genetic Algorithms, SGA)可表示为八元组 S,即

$$S = (C, E, P_0, M, \Phi, \Gamma, \Psi, T)$$

式中　C—— 遗传编码;

　　　E—— 个体适应度函数;

P_0—— 初始化种群；

M—— 种群规模；

Φ—— 选择算子；

Γ—— 交叉算子；

Ψ—— 变异算子；

T—— 终止条件。

遗传算法具有简单、鲁棒性强、全局最优性、可并行性及高效率等优点。由于它不受搜索空间限制性假设的约束，能够在含有噪声的高维问题中以很大的概率找到全局最优解，因此在解决多属性谈判中具有广阔的应用前景。

基于上述分析，本书提出了基于标准遗传算法的中介谈判机制框架，将原有算法拓展到多值的一般情况。

假设 1：中介的协调人是公正的，其提议是为了使谈判双方收益公平或社会福利最大。对于 SGA 的遗传操作不会根据自己的喜好做出人为干预。

假设 2：中介的协调人能够保守谈判秘密，不会向第三方泄露相关谈判参与人的私有信息，如效用函数等。

假设 3：谈判双方能够根据自己的真实非线性效用函数，给出对应 SGA 所给提议的真实效用值。

基本谈判机制框架如图 2.9 所示。

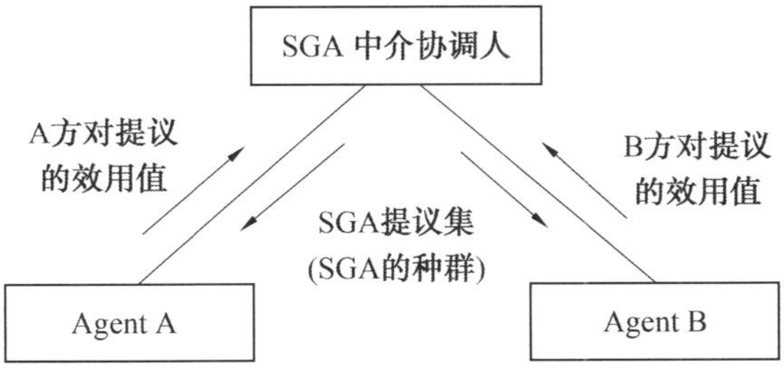

图 2.9　基于 SGA 的基本谈判机制框架

在图 2.9 中，标准遗传算法作为谈判的中介协调人，在谈判开始时，算法产生初始种群，在种群中的染色体对应 Agent A 与 Agent B 的谈判提议。Agent A 与 Agent B 分别依据提议给出对应的效用值，由 SGA 中介协调人运用决策目标函数（如式(2.4) 或式(2.5)）作为适应度函数进行遗传操作，产生下一代种群。经过这样的不断迭代，直到满足遗传操作结束条件，输出的最终结果就是该谈判问题的解。我们将这种运用进化算法进行的中介协调求解谈判机制叫作直接协调谈判机制。

2.6.2 私有信息保护的协调人双边谈判机制

在上述机制中,谈判参与人要向中介协调人提交自己的私有信息(如不同提议对应的效用值)。这样就间接地向协调人揭示自己对各属性的取值范围和偏好,而这种私有信息的泄露可能会对谈判参与人造成损失。例如:假设有几家公司合作开发一款新型汽车,如果其中一家公司向其他公司提示了过多的私有信息,则其他公司就可能得知这家公司的一些重要信息,如效用信息,从而使这家公司在之后的谈判中处于劣势。另外,对于上述假设 2 可能存在不成立的情况,一旦谈判中介协调人泄露了谈判参与人的私有信息也可能造成上述结果。所以没有谈判中介的直接双方谈判或向中介直接提供效用信息的谈判机制都可能存在信息泄露问题。如果假设 1 与假设 2 中任一假设不成立,也就是可能存在信息泄露,则谈判参与人有通过获得对方私有信息进行相对虚假报价,获得对自己最大收益的冲动。直接导致假设 3 成立的条件的破坏,这将极大地影响谈判效率与谈判质量,所以如何防止谈判代理软件的信息泄露问题成为谈判机制设计中的主要问题。进一步来说,就是要解决以下两个重要问题:

① 将参与谈判双方的私有信息(如效用判断等)放在协调方的服务器上还是放在谈判参与方的客户端上。也就是如何将谈判各方之间以及谈判方与协调方之间的私有信息在物理上进行隔离的问题。

② 在谈判中,谈判双方与协调人之间的信息交换问题是如何解决的。这决定了谈判是直接协调效用还是通过间接信息进行的协调,从而避免或减少谈判参与方的私有信息泄露问题。

通过对上述谈判机制模型的分析,我们知道这种直接谈判协调机制存在谈判参与人私有信息泄露问题。针对直接协调的中介谈判机制的局限性,本书提出基于 SGA 基本谈判机制的改进机制 —— 私有信息保护的协调人谈判机制。

本书采用的谈判机制的具体改进方法是:

① 在物理存储方面,将中介协调人的数据与谈判各方数据分别存储在网络中不同的计算机上:将谈判模型中的谈判双方各自的效用判断部分放在谈判参与方的客户端上;而协调人的提议部分放在协调方的服务器上,并且对信息采用分布式处理的计算结构,从而在物理上防止信息的泄露。就具体算法而言,我们将遗传算法分解为服务器与客户端共同参与的分布式计算模式。

② 针对谈判方与协调人之间的信息交换问题,本书采用了间接的信息交换模式,即谈判人就当前协调人的提议方案集,向协调人返回对该方案集的间接判断信息(如对提议的选择结果),而不是直接协调谈判机制中的效用值,从而使谈判方的私有信息得到一定程度的保护,如图 2.10 所示。

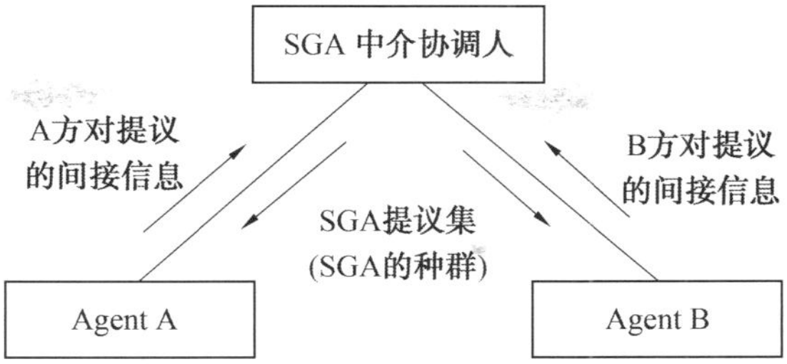

图 2.10　基于 SGA 的间接协调谈判机制框架

2.7　智能计算方法

智能计算是一门涉及物理学、生物学、数学、生理学、心理学、神经科学、计算机科学和智能技术等的交叉学科。目前,智能计算在神经信息学、生物信息学、化学信息学等交叉学科领域得到了广泛应用。在多属性依赖的双边谈判中,涉及非线性效用函数的表示、非线性效用多维空间的全局搜索最优解等相关问题。为便于后面谈判模型与计算方法的讨论,下面将本书涉及的智能计算方法的基本内容加以简单叙述。

2.7.1　遗传算法

遗传算法(Genetic Algorithm,GA)是以模拟达尔文进化论为基础,进行遗传选择操作与自然淘汰过程的计算模型,由 Holland 在 1975 年首次提出。GA 具有群体搜索策略及在群体间进行信息交换的特点。与传统搜索方法,如解析法、穷举法和随机法等相比,作为一种演化计算方法,GA 具有明显优势:具有并行计算、适应性广以及不需要搜索空间知识等特点。

1. 标准遗传算法流程

标准遗传算法的基本流程和要素如图 2.11 所示。

① 编码(Encoding)。在由问题的解 x 构成的解空间中,编码是指将解空间中的问题解映射到编码空间染色体的基因型的过程。在算法之初,遗传算法把问题求解空间中的解数据与编码空间的染色体基因进行转化,不同组合的基因数据对应解空间的不同点。

② 种群初始化。在算法执行的初始阶段,首先随机产生 N 个染色体数据,把每个染色体数据称为一个个体,则群体就是由 N 个个体组成的。在遗传操作过程中,将 M 个随机生成的个体组成初始种群 $P(0)$。

③ 个体适应度评价。在遗传算法中,通过适应度函数来评价遗传操作中个体的优良程度。由这种优良程度决定当前群体中每个个体遗传到下一代中的概率。依据特定问题进行求解,对种群 $P(t)$ 中各个个体的适应度值进行相应计算。

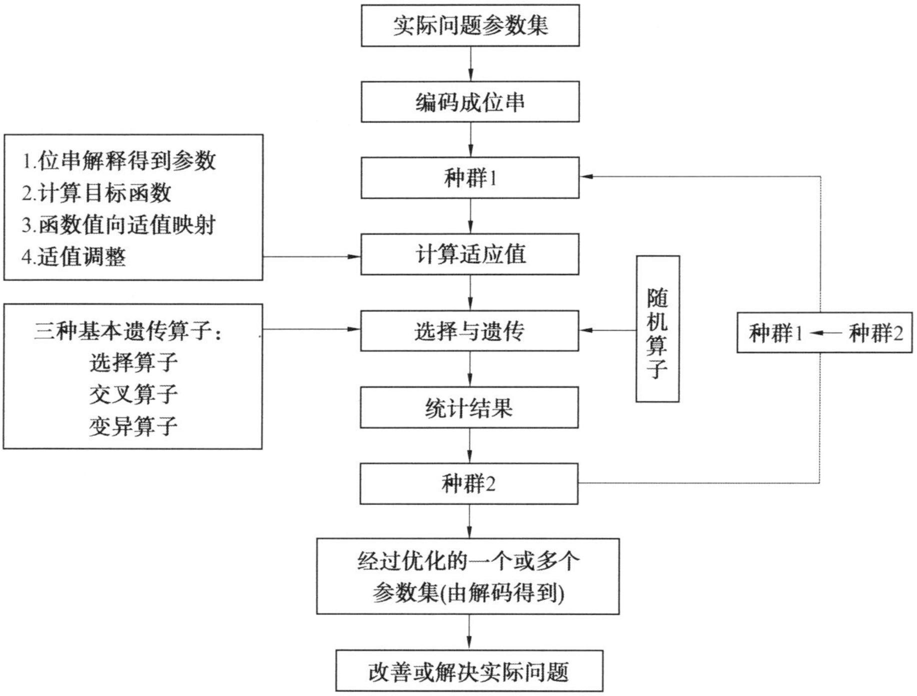

图 2.11　标准遗传算法的基本流程和要素

④ 选择操作（Selection）。选择操作是指通过选择算子为下一代选择优良个体。

⑤ 交叉操作（Crossover）。交叉操作是指交换部分基因从而产生新一代具有父代特征的个体。

⑥ 变异操作（Mutation）。变异操作是指以一定概率随机改变基因值，产生新个体。

在计算过程中，种群 $P(t)$ 要经过选择、交叉和变异操作运算，并得到下一代种群 $P(t+1)$。

⑦ 算法终止条件。如果 $t \leqslant T$，则 $t \leftarrow t+1$，操作跳到算法的步骤 ②；如果 $t > T$，则结束运算，输出进化过程中最大适应度值的个体作为算法的最优解。

从算法的运算流程可以看出遗传算法操作过程简单，容易被人理解，其他各种遗传算法都是以此为基本框架的。

Goldberg 用一个基本的遗传算法对算法轮廓进行描述，并用来对遗传算法基本组成进行说明。第 t 代种群用变量 $P(t)$ 来表示，而初始种群 $P(0)$ 是随机生成的，基本遗传算法的伪代码可以做如下描述：

```
procedure GA
begin
        t = 0;
```

```
    initialize P(t);
    evaluate P(t);
    while not finished do
    begin
        t = t + 1;
        select P(t) from P(t - 1);
        reproduce pairs in P(t);
    end
end
```

2. 遗传算法的基本操作

在遗传算法中有三个基本操作,分别是选择操作、交叉操作以及变异操作。

①选择操作。在当前种群中,通过选择操作选择优良个体,并以较大概率遗传到下一代种群中。算法通过计算个体适应度值对个体的优劣进行评价,以便从当前种群中挑选出优良的个体作为到下一代种群中的遗传个体。在遗传算法中,是通过选择操作来体现生物进化适者生存的思想的。在选择过程中,如果被评价个体的适应度高则该个体以较大概率遗传到下一代。

② 交叉操作。新一代个体可以通过交叉操作得到,将父辈个体的特性组合到新个体中。各个个体在种群内被随机搭配成对,对于每一个个体的部分染色体以某个概率进行交换,信息交换在交叉操作中得以体现。

③ 变异操作。在种群中,随机选择某个个体并对被选中的个体的某个基因以一定的概率进行随机改变,算法模拟生物在遗传中由于偶然因素引起的基因突变,变异均以较低概率出现。如果只有选择与交叉操作,算法容易陷入局部解而提前终止。变异操作使新个体得以出现,是保障遗传算法成为全局搜索算法的重要条件之一。

2.7.2　神经网络

神经网络(Artificial Neural Network,ANN)诞生于1943年。ANN是在现代神经生物学研究成果的基础上,模拟人脑信息处理机制的,由大量神经元广泛互联而成的复杂网络系统。神经元是神经网络的基本处理单元,一个神经网络可以由互相连接的多个神经元组成,神经元之间通过连接的权值进行相互作用。神经元的输入输出可以抽象为一种函数表示。线性函数、S形函数以及阈值型函数是神经网络中常用的函数表示类型。自神经网络提出以来,由于其具有优良的特性而得到了广泛研究。其中,研究神经网络的新理论、新网络结构以及与其他智能方法融合等都引起了研究者的极大兴趣。此外,在相应的人工智能的诸多研究领域中,神经网络都得到了广泛应用。

1. 神经网络的特性

神经网络具有许多优良特性,因此引起了许多研究者的兴趣。其优良特性总结如下：

① 逼近任意非线性映射是神经网络优良特性之一。

② 神经网络可以用样本数据训练，拥有学习能力。

③ 神经网络具有泛化能力，可以对在样本数据中没有被学习过的任意输入产生正确的响应。

④ 信息综合能力强。神经网络可以同时运行定量与定性的数据，并对多个输入数据间关系做出很好的协调。神经网络可以看作人工智能领域处理技术中的符号数据与传统工程系统中的定量数据的混合处理工具，适用于处理复杂非线性与不确定性的对象。

⑤ 神经网络具有并行处理方法。由于神经元在结构上是并行的，所以与传统方法相比，神经网络拥有更高的并行处理与容错能力。

其中，神经网络处理非线性系统的能力是其最为重要的特性，因此容易应用于对非线性效用方程的逼近。

2. 神经网络的组成

神经网络是由多个相连的神经元组成的。作为神经网络基本处理单元的神经元，对输入（来自其他神经元或外部环境）信号进行叠加，当信号值超过阈值时，产生一个输出；而该神经元的输出又作为其他神经元的输入，对与之相连的神经元产生刺激。所以，要设计一个神经网络必须确定以下四方面内容：

① 确定神经元与神经元之间的连接模式。

② 确定连接权值。

③ 确定神经元个数。

④ 确定触发的激活函数。

依据神经网络的互联结构，神经网络可以划分为前馈型神经网络与反馈型神经网络，当然还可以分为结合型网络或混合型网络。前馈型神经网络是指信息从输入层按顺序向下层传递，并最终由输出层输出。反馈型神经网络除了具有上述特点之外，在反馈型神经网络中，网络结构在输入输出之间或者是层与层之间还带有反馈信息。神经网络的参数，即连接权值是通过学习来确定的。

2.7.3 模糊系统

模糊系统是基于模糊逻辑实现的。模糊逻辑与传统的二值逻辑相比，更接近自然语言与人类的思维习惯。原理上，模糊逻辑为现实世界中不精确的与近似的特性提供了一种有效的获取方式。在一个模糊系统中，语言规则集是其基本部分，模糊推理是其核心，模糊推理是具有模拟人的基于模糊概念的推理能力。在许多试验中，用模糊系统比用传统方法得到的结果更优。特别是相对于传统的定量方法，模糊系统能够运用专家的经验，对非线性的、不确定的复杂对象或者对定性的、不精确的或是不确定的数据进行描述时，使用模糊系统方法就显得十分有效。因此，在人类决策与传统精确数学方法融合中，模糊系统方法可以认为是向前迈出了一步。

1. 模糊集

其实，模糊集是由传统的集合论的推广而来的，不精确的元素隶属于该集合中。隶属函数（MF）就是把这种隶属的程度进行定义，通常隶属函数的值是处于0到1之间的值。正确地确定隶属函数是运用模糊集合理论解决实际问题的基础。一般来说，现有隶属函数中，三角隶属函数和高斯隶属函数是两个用得最广泛的隶属描述，其定义如下。

（1）三角隶属函数。

$$\mu(x)=\begin{cases}1-\dfrac{|x-m|}{\sigma}, & |x-m|\leqslant\sigma\\ 0, & 其他\end{cases} \tag{2.7}$$

式中　m—— 模糊集的中心；

σ—— 宽度。

（2）高斯隶属函数。

$$\mu(x)=\exp\left[-\frac{(x-c)^2}{\sigma^2}\right] \tag{2.8}$$

式中　c—— 高斯模糊集的中心；

σ—— 宽度。

模糊系统包括一组语言规则，由“IF - THEN”形式组成。模糊系统本质上是一个基于规则的专家系统。其中，常见的规则是模糊 IF - THEN 规则，或者是对其改进的 TSK 模型。

2. 模糊 IF - THEN 规则

在模糊系统中可以运用 IF - THEN 模糊规则来描述模糊蕴涵，它们运用 IF A THEN B 的形式语句表示。由于这种表述形式简单明确，因此模糊 IF - THEN 语句常常应用于对不精确的推理方式的表达，在信息源含义模糊、不确定环境下，仍可能依据模糊理论给出决策方法，这种推理方式的运用起着至关重要的作用。例如：

$$R^i:\ \text{IF}\ x_1\ \text{is}\ F_1^i\ \text{and}\ \cdots\ \text{and}\ x_r\ \text{is}\ F_r^i,\ \text{THEN}\ y_1\ \text{is}\ G_1^i\ \text{and}\ \cdots\ \text{and}\ y_s\ \text{is}\ G_s^i \tag{2.9}$$

式中　$F_j^i(j=1,2,\cdots,r)$ 和 $G_k^i(k=1,2,\cdots,s)$—— 模糊集的标志，它们用适当的隶属函数来刻画：

$X=(x_1,x_2,\cdots,x_r)\in\Re^r$—— 语言变量的输入；

$Y=(y_1,y_2,\cdots,y_s)\in\Re^s$—— 语言变量的输出；

$i=(1,2,\cdots,u)$—— 第 i 个规则。

其中，每一个模糊 IF - THEN 规则分别定义了一个模糊集

$$F_1^iF_2^i\cdots F_r^i\rightarrow G_1^i+G_2^i+\cdots+G_s^i \tag{2.10}$$

式(2.10) 中，“+”表示独立变量的和。在规则相互独立假设下，可以将多输

入 - 多输出模糊系统简单地表示为多输入单输出模糊系统。这样表示的依据是，由 $G_k^i(k=1,2,\cdots,s)$ 可以将上述的规则分解成 s 个子规则，由此作为第 i 个子规则的对应独立结果。为了简化论述，在后面的分析中将仅对多输入 - 单输出系统进行阐述。

模糊 IF - THEN 规则是一个普遍的架构，它组成了模糊逻辑系统的最基本部分。在这个架构中，量化了来自于人类的语言信息，同时这个语言信息由于采用模糊逻辑的法则能够被系统利用。而这种规则主要的不足是输入和输出都是模糊集。但是系统的输入与输出在大多数的工程系统中，都是清晰量。为此，单点模糊输出经常被采用，即

$$R^i:\ \text{IF } x_1 \text{ is } F_1^i \text{ and } \cdots \text{ and } x_r \text{ is } F_r^i,\ \text{THEN } y_1 \text{ is } C \tag{2.11}$$

式中　C——一个单点模糊，也就是“清晰量”。

3. TSK(Takagi-Sugeno-Kang) 模型

如下形式的 IF - THEN 规则由 Takagi 和 Sugeno 提出

$$R^i:\ \text{IF } x_1 \text{ is } F_1^i \text{ and } \cdots \text{ and } x_r \text{ is } F_r^i,\ \text{THEN } y^i = a_0^i + a_1^i x_1 + \cdots + a_r^i x_r \tag{2.12}$$

式中　$F_j^i(j=1,2,\cdots,r)$——一个模糊集；

$a_j^i(j=0,1,2,\cdots,r)$——实值参数；

$i=(1,2,\cdots,u)$——第 i 个规则；

y^i——第 i 个规则对应的系统输出。

可以看出，TSK 模型考虑的规则，在 IF 部分是模糊的，在 THEN 的部分却是清晰的；而它的输出是由输入变量的线性组合构成的。

2.7.4　混合智能计算

智能计算的某一方法，都具有解决复杂问题的一定优势，同时也存在一些不足。这就需要我们将不同方法结合起来，以便发挥其优良特性而避免其各自的局限，从而产生了多种混合智能算法。

1. 模糊系统与神经网络的结合

从以上论述可见，模糊系统逼近人们的推理能力是以一种推论式的语句来进行的，并将其在基于知识的系统中进行应用。模糊逻辑理论可以表示事物本身性质的内在不确定性，为人们提供了模拟人脑处理非精确、非线性问题的方法。但是，它对专家知识的依赖具有主观性，对各种参数的确定并没有成熟理论。调整参数的方法由此成为模糊系统的一个主要研究问题。同时，神经网络也具备一些优点，例如：神经网络除具备学习能力和很强的鲁棒性与容错能力外，还具备并行处理能力以及信息综合能力等，所以神经网络在处理复杂的、非线性的以及不确定性的问题中得到了广泛应用。因此，可以相信模糊系统和神经网络具有构建与人们认知有关的人类行为的潜能。但是，没有明确的物理意义是神经网络中存在的主

要问题之一,使用者对网络是如何运行的并不清楚。这也是神经网络为什么经常被称为“黑箱”的原因。

模糊系统与神经网络优势互补,吸引了大量专家学者将两者进行结合研究,并由此诞生模糊神经网络(FNN)这样迅速发展的研究领域。FNN 结合了两种系统的优点并努力克服各自的缺点:利用神经网络的自适应学习能力极大地提高了模糊系统对知识的抽取能力;将模糊系统用于神经网络,使神经网络更易于理解,避免系统不透明的黑箱问题;此外,FNN 容易将人类知识融合到神经网络中,对于神经网络的初值选择避免了任意性。

在多属性依赖双边谈判中,由于效用函数的非线性属性使之很难直接确定与表示,因此本书引入全局动态模糊神经网络(Generalized Dynamic Fuzzy Neural Networks,GD-FNN)作为效用函数的学习与评价,充分发挥模糊系统与神经网络结合的优势。

2. 遗传算法与神经网络、模糊系统的结合

传统的遗传算法在求解过程中,一般要求目标函数的运算需要具有明确的函数方程。在多属性依赖的双边谈判中,谈判双方的非线性效用函数的确定对于谈判方来说是一件困难的事情,直接给出显式的非线性方程难度较大。如何将谈判方的效用函数提取与表示出来是一个十分重要的问题,否则遗传算法应用基础就存在缺陷。从上面的分析中我们知道神经网络与模糊系统对于非线性函数具有较强的逼近能力,所以使运用神经网络或模糊系统来进行效用函数的提取与评价成为可能。

传统的遗传算法与神经网络的融合多是将遗传算法用于优化神经网络的结构参数。而本书却是充分利用神经网络的非线性函数逼近与快速并行运算能力,用它来替代遗传算法中的显式(传统的遗传算法的适应度函数必须是具有明确数学表达式的函数方程)适应度评价函数运算。此外,为达到私有信息保护的目的,本书中又引入了基于并列选择的遗传算法(Vector Evaluated Genetic Algorithm,VEGA)。

2.8　理论框架

通过对上述相关基础理论的分析,本书形成了如图 2.12 所示的理论框架。

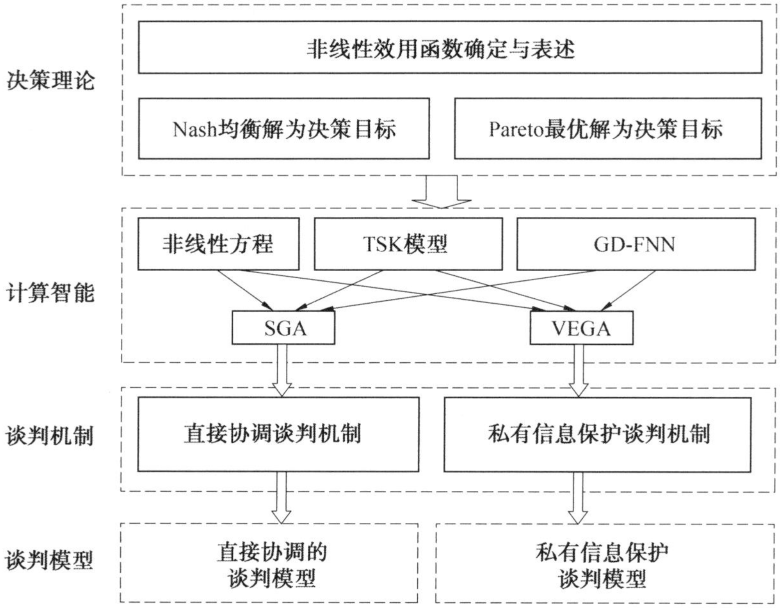

图 2.12　理论框架

2.9　本章小结

在本章中,首先框定了基本概念与基础理论。通过效用函数理论,界定了 B to B 电子商务中多属性依赖谈判非线性效用函数表述的假设前提,指出了效用空间的基本特点。根据决策目标的不同,分析了 Nash 均衡的求解方法与 Pareto 最优解求解的不同决策方法。进一步,对多属性依赖的双边谈判机制进行了研究,提出直接协调谈判机制与私有信息保护的谈判机制。最后结合混合智能算法理论研究,为构建不同的谈判模型及算法组合提供了理论基础。

第 3 章　基于混合智能算法的双边谈判模型

通过前面对多属性依赖双边谈判理论的分析，本章采用求解 Nash 均衡解的决策方法，首先运用 TSK 模型来代替领域专家对非线性效用进行评价，并进一步对 TSK 模型的局限性进行了分析，进而提出了基于广义动态模糊神经网络的评价方法。利用 GD-FNN 知识抽取与拟合非线性函数的能力，以一定精度逼近谈判双方的非线性效用函数，并运用 GA 的全局寻优能力求解近似最优的谈判解决方案，得到更为客观、更易实现的非线性效用函数的替代方法，从而形成了基于 GD-FNN/GA 混合智能算法的双边谈判模型。

3.1　基于 TSK/GA 混合智能算法的双边谈判模型

3.1.1　TSK 模型的非线性效用函数逼近

1. 非线性效用函数确定与表述的困难性

在多属性依赖谈判中，由于有依赖关系的存在，谈判双方的效用函数表现为复杂的非线性效用函数，因此，如何确定非线性效用函数以及能够正确表达成为十分关键的问题，但是非线性函数的确定及表述是比较困难的，因此本书基于电子商务中的效用函数特点，对谈判中的效用函数进行了假设。尽管对效用函数进行了简化，但对于多个属性间的复杂关系确定与表述在多数情况下仍显复杂，我们不能找出一种规律从而推出系统的准确模型。这就促使我们在建模中采用新的研究思路。人工智能技术不同于传统建模方法，其试图模拟人的如学习、思考、创造等智能特性，并结合人类知识表达方式与逻辑推理，能精确推理不完全确定的事实。因此，本书借助人工智能技术中的模糊系统技术进行非线性效用函数的建模。

2. 模糊系统的非线性函数逼近

通过模糊系统，我们可以依据模糊推理方法建立由输入 $x \in \Re^r$ 到输出 $y = f(x) \in \Re$ 的非线性映射。模糊系统为我们提供了一个系统方法，可以把语言规则集合与非线性映射间进行转换。有研究已经证明：一个连续或离散函数可以用模糊系统以任意精度逼近，也就是说，一个模糊系统可以是一个万能逼近器。因此，在非线性建模工具中模糊系统经常被使用。

在非线性系统建模中，模糊系统与其他建模方法的不同之处在于：模糊系统并不是在系统全局范围内进行整体函数或解析结构的构建，而是一个基于规则库的系统，每条模糊规则实际对应被研究系统的一个相对全局的局部描述。在图 3.1 中，刻画了模糊系统的此类核心思想。通过模糊系统可以用具有简单关系的部分逼近一个复杂的系统，这符合工程实践中的一般研究思路。由于基于规则的推理方式符合人类一般思维特点，因此模糊系统得到了人们的关注与广泛应用。

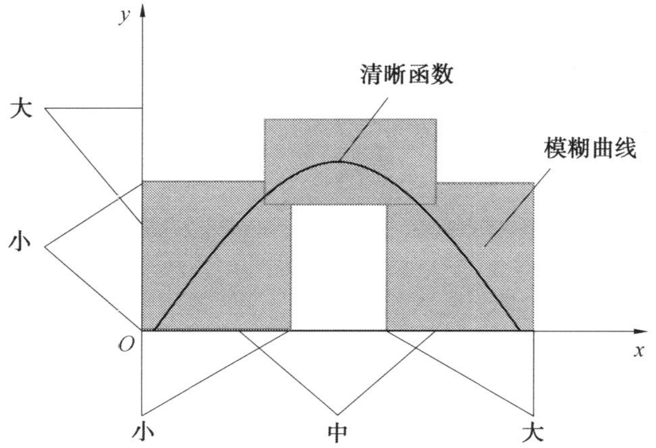

图 3.1　系统的模糊逼近

3. TSK 模糊系统模型

对于 TSK 模糊系统，推理规则后项结论中的输出量的隶属函数只能是关于输入的线性或常值函数。当输出变量的隶属函数为线性函数时，称系统为 1 阶 Sugeno 型系统；当输出变量的隶属函数为常值时（$y=k$），称该系统为零阶系统。为方便专家给出判断，我们选取零阶系统作为建模工具。

以往研究表明，TSK 模型具有下述优点：

① 模型具有较高的计算效率。

② 模型在应用过程中，可以通过线性方法进行处理，并取得较好结果。

③ 模型在应用过程中，可以运用自适应方法进行优化处理。

④ 模型在应用过程中，能够保证空间平面输出的连续性。

⑤ 与传统的方法相比，模型在应用过程中，更适合使用数学方法进行分析。

本书选择 TSK 零阶模型的模糊系统对多属性依赖的非线性效用函数进行了逼近；充分运用行业专家的知识，较好地获取了谈判方的效用函数，并运用数学公式进行了显性的表达。

3.1.2　TSK/GA 谈判模型构建

1. 多属性依赖双边谈判决策描述

对于双边多属性谈判问题，可以进行如下表述：谈判双方就要谈判的 N 项属性，对取值范围内的可能提议方案进行谈判，直到最终达成一致或谈判失败。其中，谈判双方对于任一谈判方案均能给出相应的效用值，而谈判的目的是找到使谈判双方效用最大的提议方案。该问题做如下定义：

定义 1：用 i 表示要谈判的属性项，其中 $i = 1,2,\cdots,n$。

定义 2：x_{ij} 表示第 i 项属性的第 j 种可能取值，其中 $j = 1,2,\cdots,m_i$；$x_{ij} \in D_i$，D_i 表示第 i 项属性的取值范围。谈判方案可用向量 $\boldsymbol{x} = [x_{1j},x_{2j},\cdots,x_{nj}]^{\mathrm{T}}$ 表示。

定义 3：$u_{\mathrm{B}}(\boldsymbol{x})$ 表示买方对方案 $\boldsymbol{x}$ 的效用向量，$u_{\mathrm{S}}(\boldsymbol{x})$ 表示卖方对方案 $\boldsymbol{x}$ 的效用向量。则对谈判问题的决策目标一般表述为采用 Nash 均衡的乘积方程

$$\arg\max_{\boldsymbol{x}} \prod_{i \in (1,n)} u_i(\boldsymbol{x}) \tag{3.1}$$

在上述定义中，$u(\boldsymbol{x})$ 可以是线性或非线性效用函数的效用向量，定义适用于线性和非线性双边多属性谈判的决策情况。但是让谈判者直接找到具有复杂关系的多属性非线性效用函数方程是一件非常困难甚至是不可能办到的事情；而借助专家知识，对于多个谈判属性的不同谈判区域给出专家的效用判断却是可行的。

2. 谈判模型构建

遗传算法（GA）是一种计算模型，是对达尔文遗传选择以及适者生存进化过程的模拟。如前文 2.6.1 所述，标准遗传算法可表示为八元组。

由于遗传算法具有全局最优性、计算的可并行性以及高效率等优点，能够以很大的概率从离散的多极值的以及含有噪声的高维问题中找到全局最优解，因此在解决多属性谈判中具有广阔的应用前景。

参照 TSK 模糊系统的基本原理构建 TSK/GA 谈判模型如图 3.2 所示。

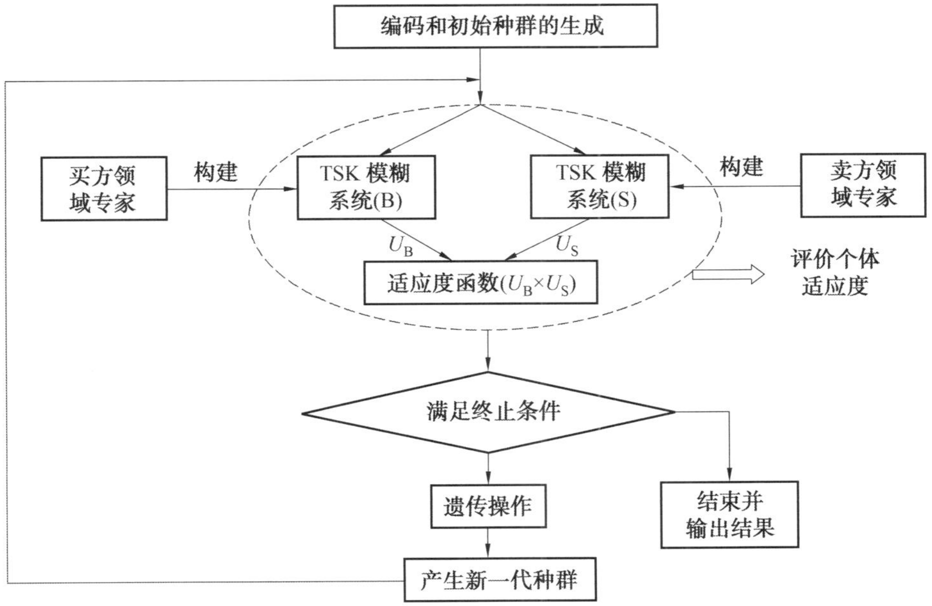

图 3.2　TSK/GA 谈判模型

在 TSK/GA 谈判模型中,GA 生成初始种群,每条染色体对应一个谈判方案,则初始种群对应于种群规模数量相同的多个初始谈判方案。将初始种群分别输入到谈判双方根据专家知识构建的 TSK 模糊系统,由模糊系统输出的值进一步按式(3.1)计算作为 GA 算法的适应度值。接着是终止条件判断,遗传操作,生成新一代种群并进行迭代,直至满足终止条件结束计算,最后输出最优解谈判方案。

3.1.3 仿真及分析

1. 卖方 TSK 模糊系统

为验证模型在非线性多属性谈判中的正确性与有效性,本书进行如下模拟计算。谈判双方 A 与 B 就谈判商品属性预先确定。为简化算法说明,仅设价格 p、质量 q 两个谈判属性;谈判双方提供各属性的取值范围,并确定公共收益区域作为谈判双方属性值的取值范围。如果不存在公共收益区域,则不开启谈判。

为便于模拟计算与结果分析,给定谈判双方属性取值范围(表 3.1),并对买卖双方 TSK 模糊系统的隶属度函数与模糊规则进行了直接给定。本书选取高斯隶属函数作为卖方 TSK 模糊系统的输入方的隶属度函数。高斯隶属函数由两个参数 σ 和 c 确定,即

$$\mu(x) = \exp\left[-\frac{(x-c)^2}{\sigma^2}\right] \tag{3.2}$$

其中,参数 σ 通常为正,参数 c 用于确定曲线的中心。

表 3.1 属性取值一览表

谈判属性取值	下限	上限	公共收益区域
A 方价格	10	25	$p \in [10,20]$
B 方价格	5	20	
A 方质量	0.50	0.98	$q \in [0.6,0.98]$
B 方质量	0.60	1	

为简化算例,对输入变量采用平均分割的模糊分割方法。每个语言变量的取值采用具有相同论域的模糊集合。通过模糊分割,确定每个语言变量取值对应的模糊语言名称的个数,而逼近方程的精确程度是由模糊分割的个数决定的。此外,最大可能的模糊规则个数也是由模糊分割的个数决定的。例如,在一个两输入单输出的模糊系统中,若 x 的模糊数为 3 而 y 的模糊数为 7,则系统最大可能的规则数为 $3\times7=21$。由此可知,模糊分割数越多,函数逼近精度越高但处理起来越困难。目前,尚没有一个统一的理论方法来确定模糊分割数,它仍主要依靠经验以及试凑方法来确定。本算例分别对价格与质量两个属性采用“最小”“较小”“一般”“较大”和“最大”5 个语言名称来表述,并在卖方价格与质量的取值范围内进行平均模糊分割处理,获得规则数为 25 个。

为更加直观地描述问题,运用 Matlab 7.0 仿真给出以下计算结果与相关图示:卖方 TSK 模糊系统隶属度函数如图 3.3 所示,在图 3.3 中(a) 图为卖方质量隶属度

图示,(b) 图是卖方价格隶属度图示。图 3.4 是卖方 TSK 模糊系统输入输出曲面,由卖方价格、卖方质量与卖方效用三个维度组成曲面。由于本书采用了 TSK 零阶模糊系统,也就是输入是模糊的,输出是专家给出的效用常量的模糊系统,由此,给出模糊规则表见表 3.2。

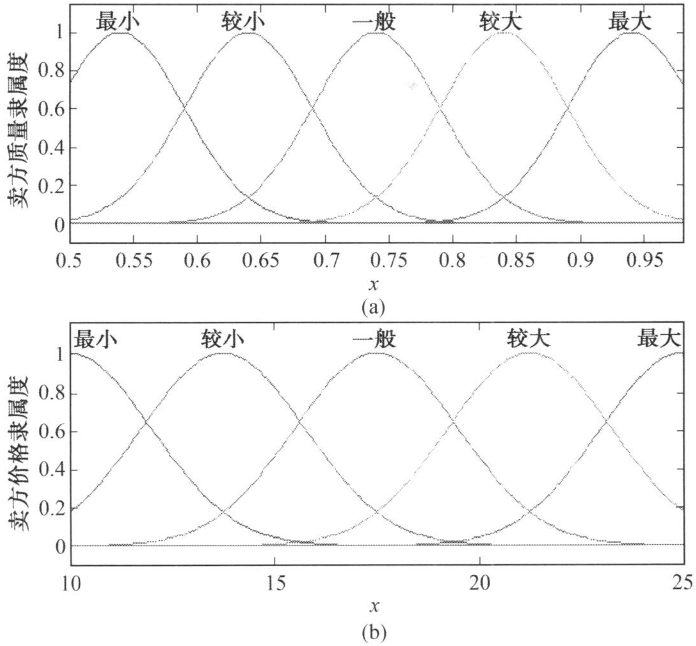

图 3.3　卖方 TSK 模糊系统隶属度函数

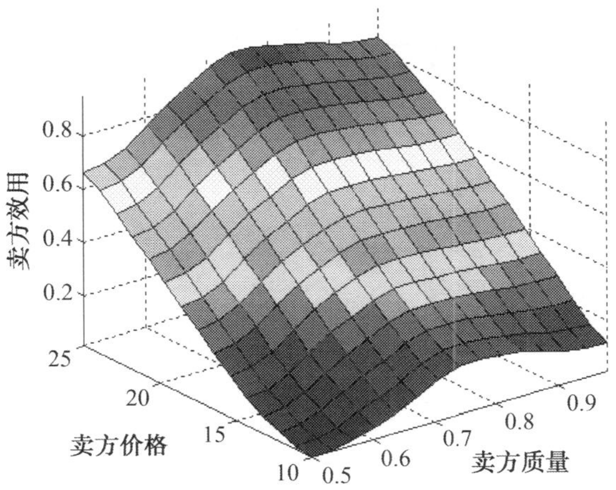

图 3.4　卖方 TSK 模糊系统输入输出曲面

表 3.2　卖方模糊规则表

价格	质量				
	最小 (0.05,0.54)	较小 (0.05,0.64)	一般 (0.05,0.74)	较大 (0.05,0.84)	最大 (0.05,0.94)
最小(2, 10)	0.000 0	0.054 1	0.189 2	0.162 2	0.081 1
较小(2, 13.75)	0.075 7	0.254 1	0.345 9	0.324 3	0.308 1
一般(2, 17.5)	0.281 1	0.459 5	0.551 4	0.540 5	0.513 5
较大(2, 21.25)	0.481 1	0.664 9	0.783 8	0.756 8	0.713 5
最大(2, 25)	0.686 5	0.864 9	1.000 0	0.945 9	0.864 9

注：表头中小括号中数字为高斯隶属函数参数 σ 和 c

2. 买方 TSK 模糊系统

对于买方，其 TSK 模糊系统的隶属度函数与模糊规则进行同样的设定，得到如下的仿真算例图示：图 3.5、图 3.6 分别给出了买方应用 TSK 模糊系统的隶属度函数与输入输出曲面，表 3.3 为买方的模糊规则表。

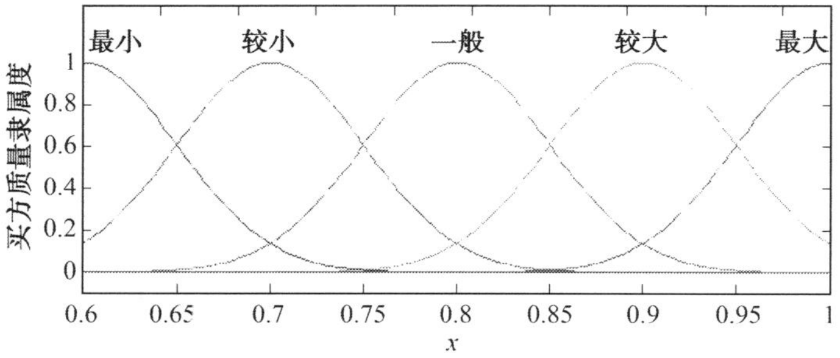

(a)

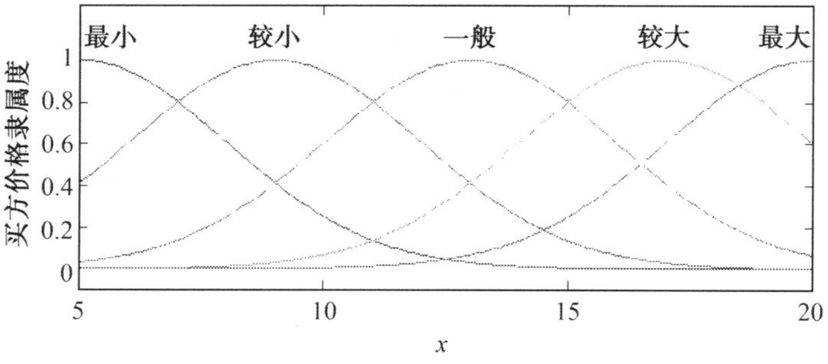

(b)

图 3.5　买方 TSK 模糊系统隶属度函数图

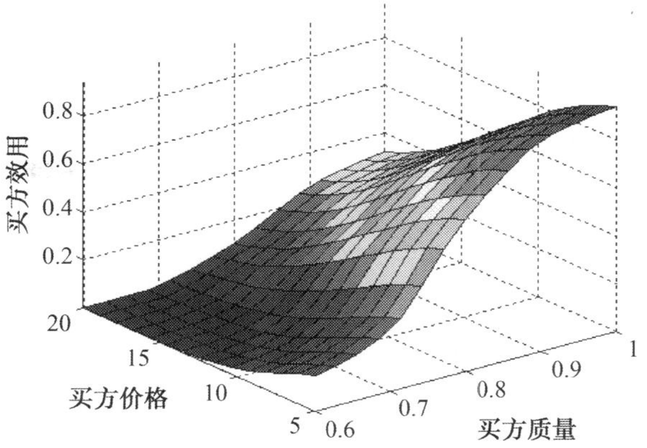

图 3.6　买方 TSK 模糊系统输入输出曲面

表 3.3　买方模糊规则表

价格	质量				
	最小 (0.05,0.60)	较小 (0.05,0.70)	一般 (0.05,0.80)	较大 (0.05,0.90)	最大 (0.05,1.00)
最小(3, 5)	0.200 0	0.280 0	0.720 0	0.960 0	1
较小(3, 9)	0	0.080 0	0.520 0	0.760 0	0.84
一般(3, 13)	0	0	0.320 0	0.560 0	0.6
较大(3, 17)	0	0	0.160 0	0.360 0	0.440 0
最大(3, 20)	0	0	0.040 0	0.200 0	0.240 0

注:表头中小括号中数字为高斯隶属函数参数 σ 和 c

3. TSK/GA 谈判模型算例

在谈判双方 TSK 模糊系统构建达到要求后,采用如图 3.2 所示的模型进行计算,表 3.4 给出了 GA 参数设置;如图 3.7 所示为仿真过程,输出有关结果见表 3.5。

表 3.4　遗传算法参数选取表

GA 参数名称	参数选取	参数描述
C	二进制	编码方法
E	TSK 模糊系统	替代评价函数
M	20	种群大小
Φ	最佳保留选择	选择算子
Γ	单点交叉	交叉算子
Ψ	均匀变异	变异算子
T	300 代	终止条件

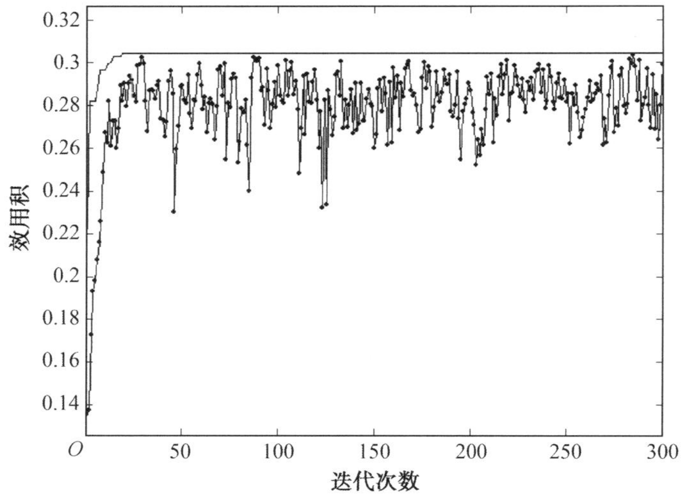

图 3.7　经过 300 代迭代后的优化结果

表 3.5　输出结果

输出参数	TSK/GA 谈判模型输出结果	
价格	18.012 4	
质量	0.931 5	
谈判双方效用	(A 方)0.571 0	(B 方)0.533 6
效用积	0.304 7	

4. 结果分析

从图 3.7 可见,运用专家知识构建的 TSK 模糊系统对提议的方案进行评价,并经 300 代迭代的遗传算法优化过程。在本例中,GA 采用了最佳保留策略,适应度函数值呈上升阶梯状变化,并最后收敛于 0.304 7。在表 3.5 中给出了运用 TSK/GA 谈判模型的价格、质量、谈判双方效用以及效用积的输出结果。价格为 18.012 4,质量为 0.931 5,A 方效用为 0.571 0,B 方效用为 0.533 6。

3.2　基于 GD-FNN/GA 混合智能算法的双边谈判模型

3.2.1　原有方法的局限性

在多属性依赖谈判研究的综述中我们知道,有学者从不同角度,运用多种技术对非线性多属性谈判进行了研究,但仍受到诸如效用函数的确定,模型的应用性、复杂度、可拓展性等方面的制约。

虽然我们提出了 TSK/GA 谈判模型,为具有多属性依赖的双边谈判提供了较实用的求解方法,并在模型的应用性上有所改进,但由于 TSK 模糊系统自身的局限

性,其在谈判中的使用受到一定的制约。其局限性主要体现在以下几方面:

①模糊系统存在众所周知的维数灾难问题。随着谈判属性的增多以及模糊分割数的增加,模型模糊规则数据会相应迅速增加,从而导致模糊系统的处理难度被加大了。

②模糊系统构建具有一定的主观性。由于一阶TSK模糊系统的输出是由领域专家根据主观经验或知识给出的效用值判断,所以该方法难免具有一定的主观性。

③TSK模糊系统构建缺乏统一的理论方法,它主要依靠经验和试凑方法进行构建,这也是制约该方法应用的一个方面。

基于以上原因,本节在电子商务中的非线性效用函数研究的基础上,建立了多属性依赖的双边谈判一般模型,并运用混合人工智能技术进行有效求解,试图在克服上述限制方面取得进展。具体方法是基于广义动态模糊神经网络与遗传算法的混合智能算法(GD-FNN/GA算法)建立非线性双边多属性谈判模型,充分利用GD-FNN知识抽取与拟合非线性函数的能力,以一定精度逼近谈判双方的非线性效用函数,并运用GA的全局寻优能力求解近似Nash均衡最优的谈判解决方案。GD-FNN中动态机制的引入,使模糊神经网络的网络结构具有动态自适应性,即模型的模糊规则的产生是随着学习的深入逐步增长而来的,所以该模型不同于一般的FNN方法,它的规则数不会随输入变量个数的增长而出现迅速的指数增长;并且,模型还可以将领域专家的知识直接在系统设计中进行应用,因此该模型具有较强的应用性。由于运用GD-FNN网络对多属性的谈判方案进行综合评价,所以问题的复杂度与求解速度不会随谈判的属性增加而出现较大变化。另外,在双边谈判中,对于GA算法给出的任一谈判方案,谈判双方可以应用GD-FNN网络进行评价并给出联合效用值。该模型较易由双边谈判拓展到多边谈判,只要参加多边谈判的多个谈判方参与评价并给出联系效用即可,模型自身的结构决定了其具有很好的可拓展性。

3.2.2　基于近似Nash均衡解的决策描述

对于双边多属性依赖双边谈判的表述为:谈判双方就要谈判的N项属性,对取值范围内的可能提议方案进行谈判,直到最终达成一致或谈判失败。其中,谈判双方对于任一谈判方案均能给出相应的效用值,而谈判的目的是找到使谈判双方效用最大的提议方案。对该问题的定义与3.1.2中的多属性依赖双边谈判的定义1至定义3相同。

让谈判者直接找到具有复杂关系的多属性非线性效用函数方程是一件非常困难甚至是不可能办到的事情;而对于给出有限个谈判方案与对应的效用值样本集却是可以实现的。因此可以采用有限样本集对非线性效用函数方程在一定精度范围内进行逼近,则有定义4。

定义4：设谈判域 K 为 $\Re^n$ 的一个紧凑集，对于给定的 p 个谈判方案作为样本表示为 $\Gamma^p = \{(X_i, y_i), X_i \in K \subseteq \Re^n, y_i \in \Re, i = 1,2,\cdots,p\}$，假设样本数据 $\Gamma^{(i)}$，$i = 1,2,\cdots,p$ 与效用函数相吻合，即 $u(X_i) = y_i, i = 1,2,\cdots,p$，则找出一个函数 $\hat{u}$ 使 $\| u - \hat{u} \| < \varepsilon$，其中，$\varepsilon$ 是一个任意小的值。逼近精度通常是由平方 L^2-范数来度量的，该范数描述了一个平方可积的所有的实值函数的函数空间 S。如果对于任意给定的点 $X_i \in \Re^n$，都存在一个与函数 u 间的距离最短的函数 $\hat{u}^* \in S$，则称 $\hat{u}^*$ 为 u 的最佳逼近。由逼近函数 $\hat{u}$ 替代定义 3 中的效用函数 u，则式(3.1) 转化为

$$\arg\max_{x} \prod_{i \in (1,n)} \hat{u}_i(\boldsymbol{x}) \tag{3.3}$$

所得方案 $\boldsymbol{x}^*$ 定义为近似 Nash 均衡解。

至此，我们将运用非线性效用方程求解 Nash 均衡解问题转化为根据给定样本数据求解近似 Nash 均衡解谈判方案问题，避免了具有复杂关系的非线性效用函数方程结构设计与参数求解难题。这种基于数据驱动的谈判求解方法可以充分利用企业运行历史数据、ERP(企业资源计划)系统、核算与预测等功能以及借助专家知识等有利因素，避免谈判方案效用评价的主观性，有利于深入挖掘谈判双方真实效用，以实现谈判双方效用的最大化。

3.2.3 GD-FNN 的优势

FNN 作为模糊系统与神经网络的结合，充分发挥了各自方法的优势而避免了方法的局限性。在模糊系统中，运用神经网络就可以解决知识提取的难题，而运用模糊系统，则可以避免神经网络运行的不透明问题，而且更容易将人类知识融合到 ANN 中，避免了初值选择的任意性。伍世虔等提出了一种 D-FNN 动态模糊神经网络的结构与学习算法，该结构在功能上等价于 TSK 模糊系统，是以扩展径向基神经网络为基础的。在 D-FNN 基础上，伍世虔等为了使提取的模糊规则有意义，进一步提出了在功能上等价于TSK模糊系统的基于椭圆基函数(EBF)的广义动态模糊神经网络(GD-FNN)。在模型中提出了高斯函数宽度的确定准则：模糊 ε-完备性准则，从而避免了随机性的初始化选择。尽管与 D-FNN 相比 GD-FNN 更加复杂，但从具体实现的角度看，GD-FNN 更加容易。在文献[73]中，通过对三输入参数的非线性函数逼近的仿真，及与其他逼近方法的比较分析，可以看出 GD-FNN 在用于函数逼近应用中具有明显优势。更可贵的是，算法可以获得有意义的模糊规则集，便于使用者的分析、验证或将专家知识作为模糊规则融入神经网络。这为非线性多属性谈判研究提供了极大的方便。基于上述原因，本书采用 GD-FNN 方法进行非线性效用函数的逼近。

图 3.8 给出了 GD-FNN 的结构。设输入变量数为 r，并且每个输入变量 $x_i(i = 1,2,\cdots,r)$ 有 u 个隶属函数 $A_{ij}(j = 1,2,\cdots,u)$，它们位于第 2 层，这些隶属函数都是

式(3.4) 所示的高斯函数

$$\mu_{ij}(x_i) = \exp\left[-\frac{(x_i - c_{ij})^2}{\sigma_{ij}^2}\right],\quad i = 1,2,\cdots,r;j = 1,2,\cdots,u \tag{3.4}$$

式中　μ_{ij}——x_i 的第 j 个高斯隶属函数；

c_{ij}——x_i 的第 j 个高斯隶属函数的中心；

σ_{ij}——x_i 的宽度。

对于每个规则涉及的触发权，如果采用乘法计算 T - 范数算子，则在第 3 层中的第 j 个规则 $R_j(j = 1,2,\cdots,u)$ 的输出为

$$\varphi_j(x_1,x_2,\cdots,x_r) = \exp\left[-\sum_{i=1}^{r}\frac{(x_i - c_{ij})^2}{\sigma_{ij}^2}\right],\quad j = 1,2,\cdots,u \tag{3.5}$$

式(3.6) 给出对于第 4 层的各个节点，表示一个输出变量，该变量由输入信号加权求和得出

$$y(x_1,x_2,\cdots,x_r) = \sum_{j=1}^{u} w_j \cdot \varphi_j \tag{3.6}$$

式中　y—— 输出变量的值域；

ω_j—— 结果参数或者第 j 个规则的连接权。

可以用式(3.7) 表示 TSK 模型

$$\omega_j = \alpha_{0j} + \alpha_{1j}x_1 + \cdots + \alpha_{rj}x_r,\quad j = 1,2,\cdots,u \tag{3.7}$$

对应于一个模糊系统，去模糊化的功能是在第4 层执行的，如式(3.6) 所示；式(3.7) 表示了对应的 TSK 模糊系统。在 TSK 模糊系统中，将输入变量的线性组合作为模型的输出，与此同时，隶属函数的影响在模型输出中也得到充分考虑。

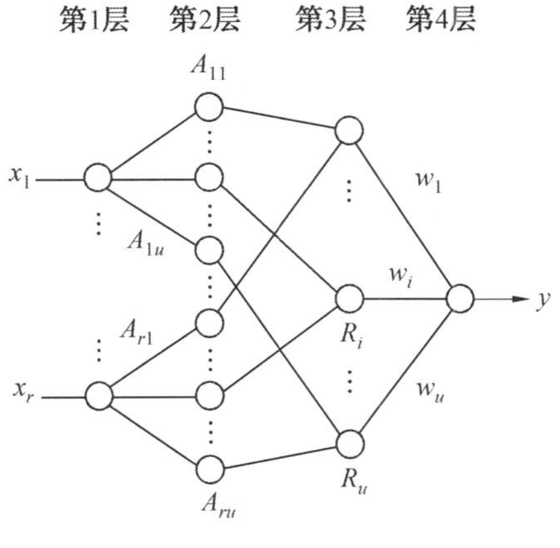

图 3.8　GD-FNN 的结构

3.2.4 模型构建

遗传算法与神经网络的融合多是将遗传算法用于优化神经网络的结构参数，而本书却是充分利用神经网络的非线性函数逼近与快速并行运算能力，用它来替代遗传算法中的显式（传统的遗传算法的适应度函数必须是具有明确数学表达式的函数方程）适应度评价函数运算，将运用非线性效用方程求解 Nash 均衡解问题转化为根据给定样本数据求解近似 Nash 均衡解谈判方案问题。由上述思路形成的 GD-FNN/GA 混合智能算法谈判模型如图 3.9 所示。

在图 3.9 中，GA 生成初始种群，每一条染色体对应一个谈判方案，则初始种群对应种群规模数量的多个初始谈判方案。将初始种群中生成的谈判方案输入到训练成功后的 GD-FNN 神经网络中，可以计算出谈判双方对应谈判方案的效用值，进一步按式(3.3) 计算作为 GA 算法的适应度值。接着是终止条件判断，遗传操作，生成新一代种群并进行迭代，直至满足终止条件结束计算，最后输出近似 Nash 均衡解谈判方案。

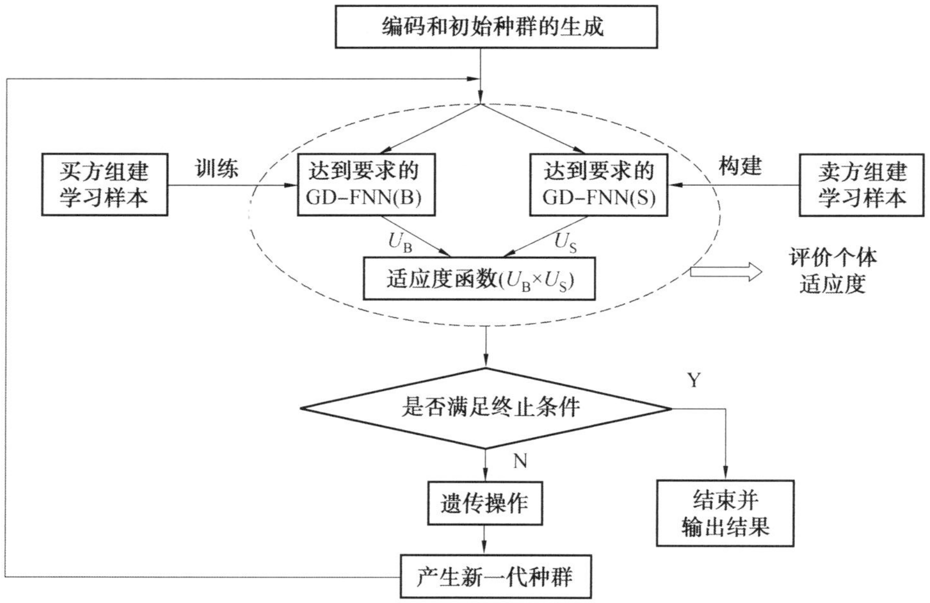

图 3.9　GD-FNN/GA 混合算法谈判模型

3.2.5 仿真及分析

1. 非线性效用函数模拟方程构建

为验证模型在非线性多属性谈判中的正确性与有效性，进行如下模拟计算。谈判双方 A（卖方）与 B（买方）就谈判商品属性进行预先确定。为简化算法说明，仅设价格 p、质量 q 两个谈判属性。谈判双方提供各属性的取值范围，并确定公共收益区域作为谈判双方属性值的取值范围。如果不存在公共收益区域,则不开启谈判。对于价格 p 有 $p_A \in [p_A^-, p_A^+]$,$p_B \in [p_B^-, p_B^+]$ 。由于商务活动有多个可能的情形,所以选择一个有限的子集来评价模型的性能是必要的。为方便讨论,设 $p_A^- > p_B^-, p_A^+ > p_B^+$,则其价格属性的公共收益区域为 $p_{AB} \in [p_A^-, p_B^+]$;设 $q_A^- < q_B^-, q_A^+ < q_B^+$,则质量属性的公共收益区域为 $q_{AB} \in [q_B^-, q_A^+]$ 。详细分析如下:对于卖方 A 而言其对于价格、质量的收益函数简化为 $\pi_S = p - c(q)$,其中 p 为提议价格,$c(q)$ 是质量成本函数。本书利用 Cobb-Douglas 生产函数方程结构形式建立质量成本模型,则收益函数方程结构形式为

$$\pi_S = p - c(q) = p - (\alpha_1 q^{-\beta_1} + \alpha_2 q^{\beta_2}) \tag{3.8}$$

其中,$\alpha_1, \alpha_2, \beta_1, \beta_2$ 为待定参数,有 $\beta_1 > 0, \beta_2 > 0$,并且有 $\pi_S \geqslant 0$,即 $p \geqslant c(q)$。当 $p < c(q)$ 时,有 $\pi_S < 0$,则卖方效用 u_S 为负值,谈判方案不会被 A 接受,方案被舍弃。

设卖方 A 效用风险态度中性,收益为零时效用为零,取 $\max\ \pi_S$ 时效用为 1,其中,$\max\ \pi_S = p_A^+ - \min\ c(q)$。而 $\min\ c(q)$ 可由最佳质量水平推出最小成本计算公式,即

$$\min\ c(q) = \alpha_1 \left(\frac{\alpha_1\beta_1}{\alpha_2\beta_2}\right)^{\frac{-\beta_1}{\beta_1+\beta_2}} + \alpha_2 \left(\frac{\alpha_1\beta_1}{\alpha_2\beta_2}\right)^{\frac{\beta_2}{\beta_1+\beta_2}} \tag{3.9}$$

则可求得谈判 A 方的非线性效用函数模拟方程为

$$u_s = \frac{\pi_S}{\max\ \pi_S} = \{p - (\alpha_1 q^{-\beta_1} + \alpha_2 q^{\beta_2})\} \Big/ \left\{p_A^+ - \left[\alpha_1 \left(\frac{\alpha_1\beta_1}{\alpha_2\beta_2}\right)^{\frac{-\beta_1}{\beta_1+\beta_2}} + \alpha_2 \left(\frac{\alpha_1\beta_1}{\alpha_2\beta_2}\right)^{\frac{\beta_2}{\beta_1+\beta_2}}\right]\right\} \tag{3.10}$$

其中,$p \in [p_A^-, p_A^+]$ 且 $p \geqslant (\alpha_1 q^{-\beta_1} + \alpha_2 q^{\beta_2})$;$p_A^-, p_A^+$ 分别为A方提供谈判价格范围的下限与上限,易知 $u_S \in [0,1]$。

对于买方B做同样假设,其收益函数简化为 $\pi_B = v(q) - p$,其中 p 为提议价格,$v(q)$ 表示在质量为 q 时所获得的收益。若 $v(q)$ 在 $q \in [q_B^-, q_B^+]$ 区间变化,符合边际递减规律且用 S 形函数表示,则谈判者 B 的收益函数方程结构形式为

$$\pi_B = v(q) - p = [v(q_B^-) + f(s)] - p = \left[v(q_B^-) + \frac{1}{a + be^{-c(q-d)}}\right] - p \tag{3.11}$$

其中,a, b, c, d 是待定参数;$v(q_B^-)$ 是质量取值下限时的收益,且 $\pi_B \geqslant 0$ 即 $v(q_B^-) + f(s) \geqslant p$。若 $v(q_B^-) + f(s) < p$,则 $\pi_B < 0$,u_S 为负值,谈判方案不会被B接受,方案被舍弃,则非线性效用模拟方程可表示为

$$u_B = \frac{\pi_B}{\max\ \pi_B} = \left(v(q_B^-) + \frac{1}{a + be^{-c(q-d)}} - p\right) \Big/ \left(v(q_B^-) + \frac{1}{a + be^{-c(q_B^+-d)}} - p_B^-\right) \tag{3.12}$$

其中,$p \in [p_B^-, p_B^+]$,$q \in [q_B^-, q_B^+]$ 且 $\left(v(q_B^-) + \frac{1}{a + be^{-c(q-d)}}\right) \geqslant p$,易知 $u_B \in [0,1]$。

2. 谈判属性取值范围与运算相关参数设定

为便于模拟计算与结果分析，给定谈判双方属性取值范围，并对非线性方程的待定参数进行直接设定，详见参数设置一览表 3.6。为使问题描述更加直观，运用 Matlab 7.0 计算机仿真给出以下相关图示与计算结果：A 方质量取值范围内的质量成本函数如图 3.10 所示，B 方设 $v(q_B^-)$ 取 10 时的质量收益函数如图 3.11 所示。分别给出 A 方价格与质量双属性取值范围内的收益曲面如图 3.12 所示，B 方价格与质量双属性取值范围内的收益曲面如图 3.13 所示。

表 3.6　属性取值与参数设置一览表

谈判属性取值	下限	上限	公共收益区域	谈判 A 方待定参数	数值	性质	谈判 B 方待定参数	数值	性质
A 方价格	10	25	$p \in [10,20]$	α_1	3	质量损失	a	0.050 0	S 形函数参数
B 方价格	5	20		β_1	2	成本系数	b	0.097 8	
A 方质量	0.50	0.98	$q \in [0.6,0.98]$	α_2	5	质量保证	c	28.000	
B 方质量	0.60	1		β_2	4	成本系数	d	0.750 0	

在图 3.10 中，为了满足式(3.8) 与式(3.11) 的 $\pi_S \geq 0$ 的约束条件，取零截面以上曲面为正收益区，效用积函数曲面在零截面上的投影区域为谈判方案的可行解区域。图 3.14 给出了在公共收益区 $p \in [10,20]$ 与 $q \in [0.6,0.98]$ 的谈判双方效用积函数曲面图示。在图 3.14 中可以看出，曲面处于价格、质量与对应的谈判双方效用积构成的三维空间中。曲面在下平面的投影为谈判方案的可行解区域，对应曲面上最大值点的解为该问题的 Nash 均衡解。

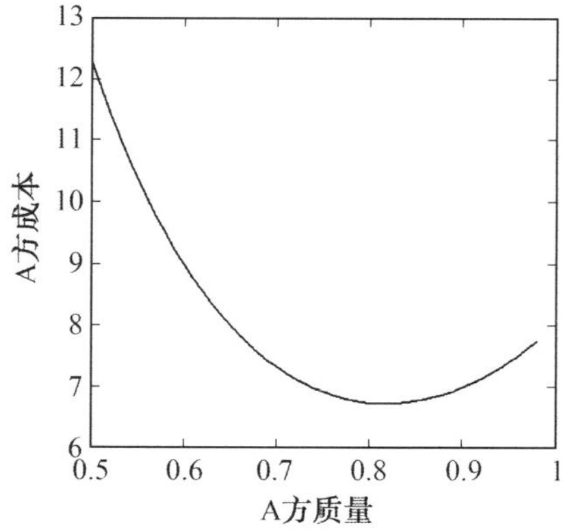

图 3.10　A 方质量成本函数

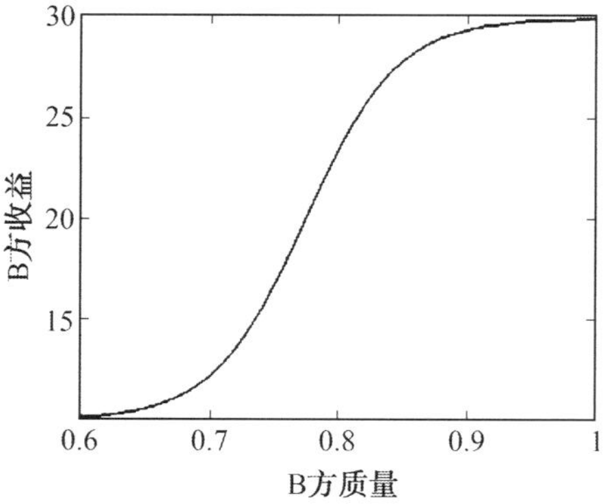

图 3.11　B 方质量收益函数

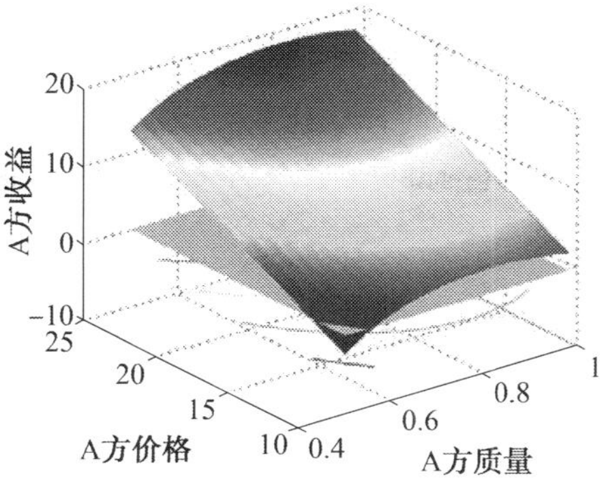

图 3. 12　A 方收益曲面

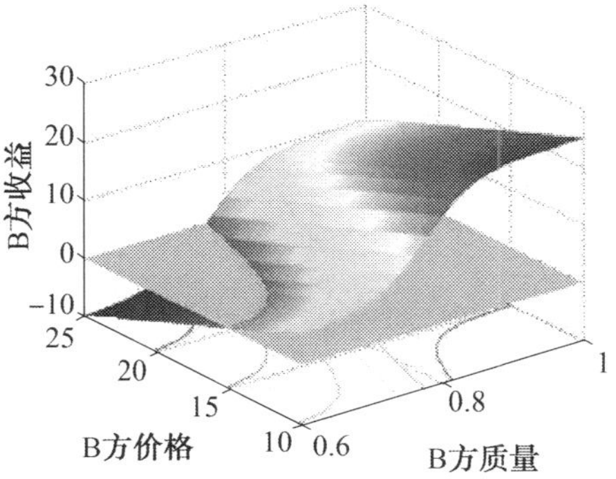

图 3. 13　B 方收益曲面

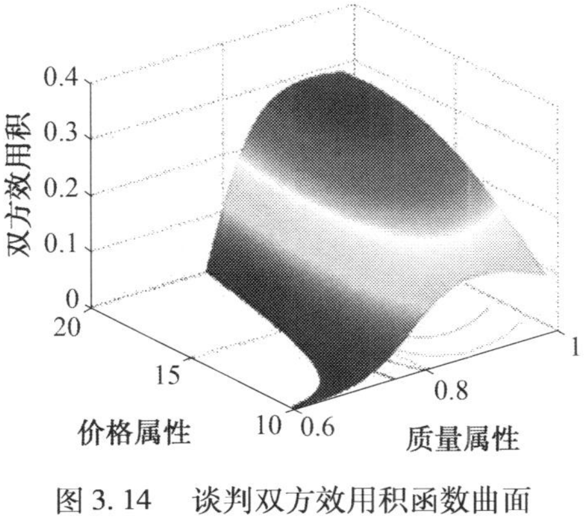

图 3. 14　谈判双方效用积函数曲面

在 GD-FNN 及 GA 算法中的相关参数及含义见表 3.7。

表 3.7　神经网络与遗传算法参数选取表

GD-FNN 参数名称	参数值	参数描述	GA 参数名称	参数选取	参数描述
ε_{min}	0.5	模糊规则匹配度最小值	C	二进制	编码方法
ε_{max}	0.8	模糊规则匹配度最大值	E	GD-FNN	替代评价函数
e_{min}	0.1	增加规则时的期望输出精度	M	20	种群大小
e_{max}	0.5	增加规则时的选择最大误差	Φ	最佳保留选择	选择算子
k_{mf}	0.65	相邻隶属函数相似性常数	Γ	单点交叉	交叉算子
k_s	0.9	高斯宽度修正的衰减因子最小值	Ψ	均匀变异	变异算子
k_{err}	0.002	删除规则阈值	T	300 代	终止条件

在表3.7中，给出了选取的相关参数。在GA算法中，采用最优保留策略，并运用 GD-FNN 替代常规的个体适应度评价函数，如前文图 3.9 所示。

3. 模拟计算与结果分析

(1) 谈判双方神经网络的训练。

运用 Matlab 编程，对于 A 方，首先从价格与质量取值范围[10,25] × [0.50, 0.98] 中随机采样数据，并剔除 $p-(\alpha_1 q^{-\beta_1}+\alpha_2 q^{\beta_2})<0$ 的数据，最终得到196个有效输入数据；并运用式(3.10)求得对应效用值，组成196个样本数据。训练前对输入数据运用刻度法进行归一化处理。GD-FNN 参数选择见表3.7，训练结果：产生4条模糊规则，如图3.15所示；其均方根误差为1.35%，如图3.16所示。按同样要求选取 125 个数据，用来测试学习后的 GD-FNN 泛化能力。其测试均方根误差为 1.56%(图略)。

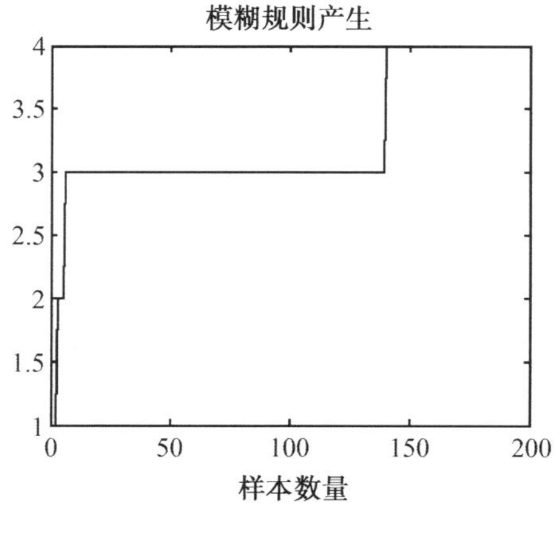

图 3.15　A 方规则产生

同样，对于 B 方从取值范围[5,20] × [0.60,1.00] 中随机采样数据，并剔除 $\left(v(\bar{q}_B)+\dfrac{1}{a+be^{-c(q-d)}}\right)<p$ 的数据，最终得到 196 个有效输入数据；并运用式(3.12)求得对应效用值，组成 196 个样本数据。训练前对输入数据运用刻度法进

行归一化处理，训练结果：产生 4 条模糊规则，如图 3. 17 所示；其均方根误差为 2. 18%，如图 3. 18 所示。按同样要求选取 125 个数据，用来测试学习后的 GD-FNN 泛化能力。其测试均方根误差为 2. 07%（图略）。

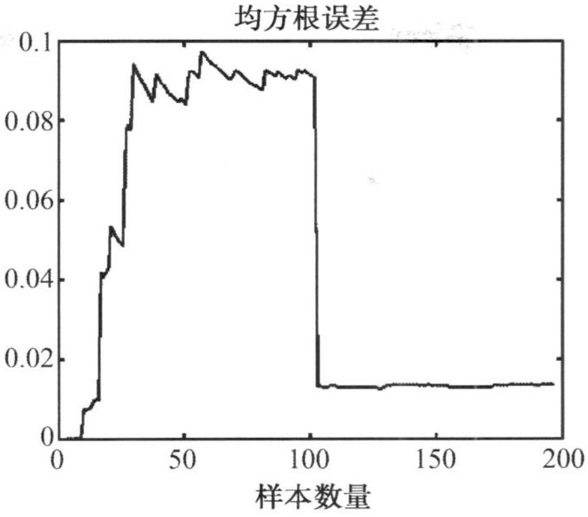

图 3. 16　A 方均方根误差

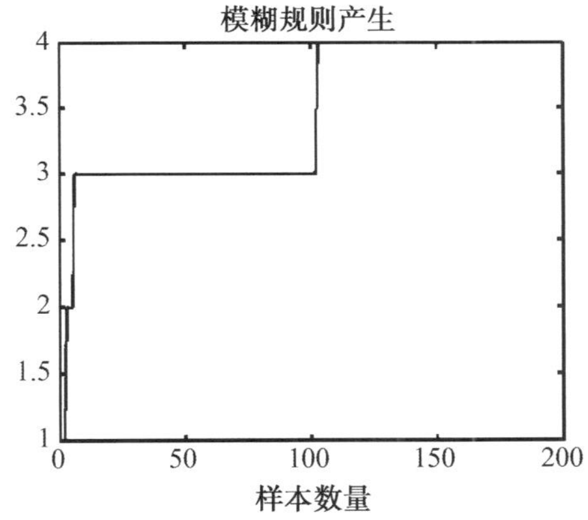

图 3. 17　B 方规则产生

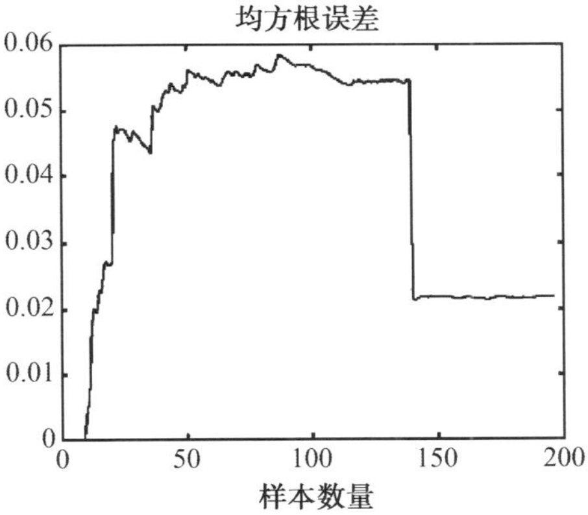

图 3. 18　B 方均方根误差

(2)GD-FNN/GA 混合智能算法求解。

在神经网络训练达到要求后,采用前文图 3.9 的模型进行计算,GA 参数如表 3.7 所示,仿真过程如图 3.19 所示,输出有关结果见表 3.8。

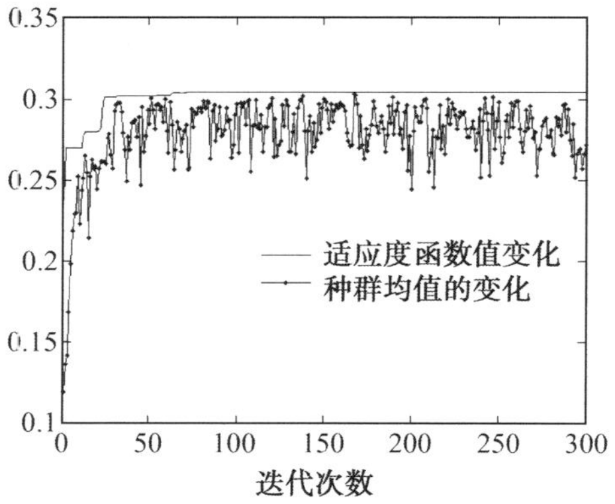

图 3.19　经 300 代迭代后的优化结果

(3) 结果分析。

从图 3.19 可见,运用训练好的神经网络进行评价,并经遗传算法 300 代迭代的优化过程。由于 GA 采用最佳保留策略,所以适应度函数值变化呈上升阶梯状并最后收敛于 0.309 8。在表 3.8 中分别给出了运用非线性效用方程和运用 GD-FNN 作为遗传算法评价函数所得到的价格、质量、谈判双方效用以及效用积,并进一步给出了采用这两种不同方法所得数值的相对误差。其中由于 GA 的精度较高,其误差不计,则相对误差主要表现为近似 Nash 均衡解与 Nash 均衡解之间的逼近误差。采用本方法得到最终的输出结果:价格为 18.262 9,相对误差为 0.91%。质量为 0.916 7,相对误差为 1.36%。从本次算例输出结果可以看出,本次计算的精度较高,可以达到谈判的要求,获得了较好的逼近效果。

表 3.8　运行结果与误差

输出参数	非线性方程作为评价函数	GD-FNN 网络作为评价函数	相对误差/%
价格	18.430 8	18.262 9	0.91
质量	0.923 9	0.916 7	1.36
双方效用	(A 方)0.637 6	(A 方)0.650 2	(A 方)1.98
	(B 方)0.465 8	(B 方)0.476 5	(B 方)2.30
效用积	0.297 0	0.309 8	4.55

为进一步研究其误差范围,在公共收益区域均匀选取 100 组数据绘制效用积函数误差曲面,如图 3.20 所示。在图 3.20 中,效用积函数的误差范围为[0.043 3, 0.059 5],误差范围稍大,这是由于 GA 是全局寻优方法,所以效用积函数易受到神经网络输出最大误差的影响。在本例中效用积函数相对误差为 4.55%,处于误差范围内,而价格、质量的相对误差为 0.91% 和 1.36%(表 3.8),这是由于价格、质量的最优解是效用积函数曲面最高点在下平面的投影所对应的价格与质量数值,其

相对于效用积函数的误差要小。同时A方效用为0.650 2,B方效用为0.476 5,两者相差较大是由A和B双方效用是以各自的属性取值范围作为计算基础而造成的。此外,随着谈判属性的增加以及实际问题的复杂度变化,隐含在数据中的非线性效用函数关系并非如本书给出的方程这样简单,神经网络输出误差可能加大,则输出的最终解只能作为谈判双方的支持解。本方法在误差较大时也可作为缩小谈判空间的工具与其他方法结合使用。

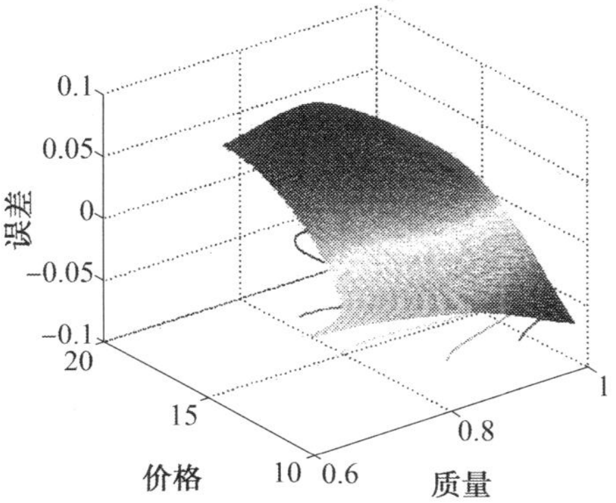

图3.20　效用积函数误差曲面

3.3　本章小结

本章在构建了TSK/GA混合智能算法的双边谈判模型的基础上,进一步分析了TSK模型的局限性,从而提出了GD-FNN评价方法,形成了基于GD-FNN/GA混合智能算法的双边谈判模型,并通过仿真算例验证了方法的正确性与可行性;解决了谈判双方非线性效用函数的逼近问题,并在较大精度范围内给出谈判近似最优解。由于采用GD-FNN评价模型,从而使谈判模型及算法具有较低的复杂度与较好的可拓展性。

第4章　私有信息保护的协调人双边谈判模型

本章在第3章研究的基础上,采用多目标优化求解 Pareto 最优解的决策方法,加入了谈判双方私有信息保护的内容,拓宽了原有模型协调人公正性假设限制,并构建了相应的谈判算法模型。在仿真算例中,对第3章的非线性方程进行了改进,进一步考虑了风险偏好,使算例更具现实意义,并通过仿真算例验证模型的正确性与有效性。最后对算法模型的复杂度、信息保护与可拓展性等问题进行了探讨,对多属性依赖谈判领域内算法进行了比较。

4.1　原有模型的局限与 VEGA 算法

4.1.1 原有模型的局限

在第3章给出的多属性依赖双边谈判模型中,为方便说明,仅对核心算法给出了直接协调双方谈判解决方案。这种基于直接协调机制的搜索算法谈判模型并未考虑谈判过程中的私有信息保护问题。

其局限主要表现为以下两方面:

① 在数据存储方面,如果谈判参与方与协调人都在一个服务器上进行谈判进程,谈判参与各方私有数据与协调人协调过程数据等都在一个服务器上,则在数据的物理存储方面存在严重缺陷。

② 在谈判的信息处理过程中,如果采用直接协调谈判机制,谈判参与人要向协调人提交自己的私有信息(如不同提议对应的效用值)。而该机制在设计上并未考虑谈判过程中谈判人私有信息保护问题。这种私有信息的泄露可能会对谈判参与人造成损失。另外,2.6.1 小节中的假设2可能存在不成立的情况,一旦谈判中介的协调人泄露了谈判参与人的私有信息也可能造成上述结果。

信息泄露问题对谈判效率与谈判质量会产生极大影响,因此防止或降低谈判代理的信息泄露问题成为谈判模型设计中的主要问题。另外,采用何种电子商务谈判网络结构才能保证既方便又安全的谈判模式也是需要解决的重要问题。因此在上述研究基础上,本书采用间接协调谈判机制,引入并列选择法的遗传算法 VEGA(又称向量评价的遗传算法)构建谈判算法模型。

4.1.2　VEGA 谈判算法模型

在第3章中，我们给出了标准遗传算法 SGA 的直接搜索谈判模型算法，但该算法模型直接运用谈判双方给出的效用判断（通过训练好的 GD-FNN 网络），因此并不具备谈判私有信息保护的能力，这极大地限制了该算法的应用。本章在传统的多目标优化求解 Pareto 最优解的方法中，对 VEGA 算法结合上述要求进行改进，以满足间接协调谈判的基本需求。下面首先介绍并列选择法的基本原理。

在多目标优化问题中，采用遗传算法求解 Pareto 最优解，目前已有多种求解方法。如：权重系数变换法、排列选择法、共享函数法等，针对各种算法的不同特点，结合本书研究的信息保护需要，选择并列选择法进行改进。

VEGA 的基本思想是：在种群中，先按子目标函数的数目将全部个体均等地划分为多个子种群，并将子目标函数分配给每个子种群，在相应的子种群中，各个子目标函数独立地进行选择运算，并根据适应度，选择出一些个体组成新的子种群，这些新生成的子种群最终组合成一个完整的种群。交叉和变异运算在这个种群中被执行，从而生成了一个下一代的完整种群，经过这样不断"分割—并列选择—合并"的重复操作，最终就可以得出 Pareto 最优解。图4.1是并列选择法的示意图。

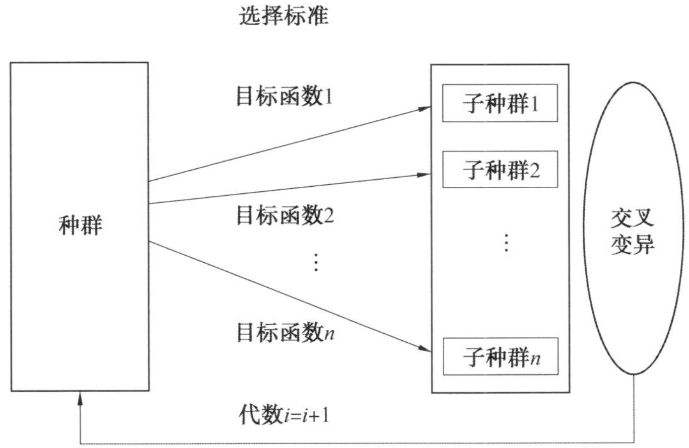

图4.1　并列选择法的示意图

4.2　GD-FNN/VEGA 谈判算法模型的构建

在上述的并列选择法中，并未结合具体问题进行讨论，仅是一般性的原理简介。本节特别考虑具体私有信息保护的基于协调人的多属性依赖的双边谈判情况，结合2.6.2中的私有信息保护的协调人双边谈判机制，对原有算法进行改进。以 GD-FNN/VEGA 算法模型为例，在谈判模型中，将协调人的相关处理定义为由协调代理软件 Agent X 来完成。参与谈判的买方相关处理由买方谈判代理软件

Agent B 来完成，参与谈判的卖方相关处理由卖方谈判代理软件 Agent S 来完成。具体的 GD-FNN/VEGA 谈判算法模型如图 4.2 所示。

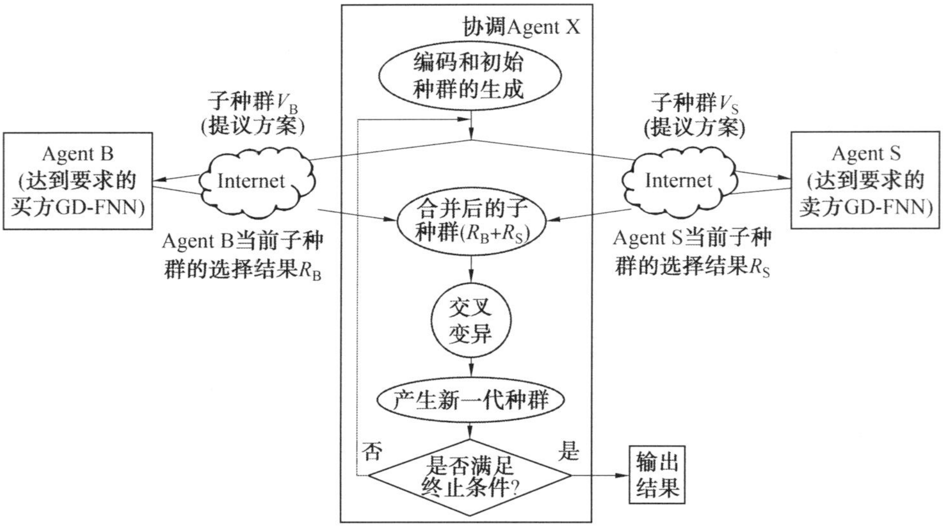

图 4.2　GD-FNN/VEGA 谈判算法模型

4.2.1　模型关键环节与操作

GD-FNN/VEGA 谈判算法模型包括以下几部分内容：

1. 谈判代理软件

谈判代理软件可以由协调方提供或由合作的相关第三方提供，软件代理的基本功能需求之一是其公开性，以便参与谈判的各方能够根据自己的需要来挑选和开发符合自身要求的谈判代理软件。首先，谈判代理必须能够与协调代理软件进行网络通信；其次，谈判代理能够获取谈判人的效用与偏好描述并对协调人的谈判提议方案进行评价；同时包括身份以及所在位置等信息确认内容。

2. 谈判前准备与初始化

在正式谈判前，如果谈判一方想与另一方进行商务谈判，则该谈判方要先安装测试谈判方代理软件，在协调人谈判系统上进行注册，提交身份并确认信息。通过审核后，发布产品或需要信息，以及对谈判对方的要求信息等内容，以便找到潜在的谈判对手。在本例中，在谈判代理软件中，要运用已有数据对 GD-FNN 进行训练，以达到谈判方要求的训练精度，用以评价协调人提议子种群对应的谈判方案的效用，从而对子种群进行选择。

在上述准备工作完成后，可以进行谈判对手的选定与谈判的初始化阶段。假设谈判 A 方在寻找合作伙伴，通过注册后在协调代理方搜索到 B 方作为潜在的合作伙伴，A 方通知协调人代理软件其想与 B 方进行谈判，协调人代理软件就谈判要件与谈判双方进行协调，双方就谈判要素达成一致，代理软件完成初始化并开启谈判进程。

3. 协调代理软件谈判提议方案集的产生

谈判开启后，协调代理软件根据 VEGA 算法，产生初始的谈判提议方案集。在本模型中，协调人代理软件完成编码与初始种群的生成。初始种群对应的就是随机生成的谈判提议的初始方案集。设 v_k 表示种群中的第 k 个染色体（对应一个提议方案），则

$$v_k = (p_k, q_k), \quad k = 1,2,\cdots,m \tag{4.1}$$

其中，m 即 pop_size，是种群中染色体数量，也就是种群数。种群的初始化由染色体中的每个基因在其取值范围内随机取值来完成。

4. 谈判提议方案的评价与选择

当协调 Agent 根据 GA 算法产生初始的谈判提议方案集（初始种群）后，将种群分为两个子种群，一般情况下进行等分。将子种群分别传给谈判双方的客户端代理软件进行评价。谈判代理软件收到协调 Agent 的子种群（提议方案子集）后，输入已达到训练要求的 GD-FNN 网络，得到谈判方案子集对应的效用值。谈判 Agent 并不是直接将效用值传给协调 Agent，而是做进一步的处理。在子种群中，选择操作被执行：具体是依据每个个体的适应度值大小对个体进行选择，下一代种群中适应度值较高的个体被遗传的概率较大；适应度较低的个体被遗传的概率较小。本模型中通过目标函数（效用函数）适应度尺度变换方法，运用“轮盘赌”选择算子的选择方法进行下一代种群的选择，并将对应方案的最终选择结果在网络上传输给协调 Agent。在图 4.2 中，买方 Agent B 当前的提议方案的选择结果 R_B 与卖方 Agent S 当前的提议方案的选择结果 R_S 通过网络传输给协调 Agent X。具体操作是，根据个体的目标函数值（本例中是 GD-FNN 输出的对应效用值）进行线性尺度变换，运用轮盘赌选择算子进行选择，使效用大的个体以较大概率在下一代中得到遗传。

5. 协调 Agent 对返回结果的遗传操作

协调 Agent X 接收到谈判 Agent B 与谈判 Agent S 返回的对子种群的选择操作后的结果集 R_B 与 R_S。协调 Agent X 将 R_B 与 R_S 进行集合加运算，合并成一个种群；进一步对其进行遗传操作中的交叉与变异的操作，从而生成子种群。如果未达到结束条件则重复进行划分两个子种群的相关步骤操作，进行新一轮的迭代。

4.2.2　算法步骤与过程

1. 算法步骤

GD-FNN/VEGA 改进算法步骤如下。

步骤1：Agent X 设置遗传算法中的各项参数，如终止代数 T、种群大小 M、遗传操作算子等参数，随机产生初始种群 v。

步骤2：Agent X 将初始种群等分为两个子种群 v_B 与 v_S，并通过网络将子种群 v_B

传递给 Agent B,v_S 传递给 Agent S。

步骤 3:谈判方 Agent B 接收到种群 v_B 后,将其对应的价格质量数据输入到训练好的 GD-FNN 中得到输出的效用值集合,并根据种群 v_B 对应方案的效用值进行选择操作得到选择后的结果集 R_B。谈判方 Agent S 接收到种群 v_S 后,做同样处理得到选择后的结果集 R_S。最后分别将 R_B 与 R_S 返回给 Agent X。

步骤 4:Agent X 接收到 R_B 和 R_S 后,合并为一个种群,并进行交叉与变异遗传操作生成原种群的子种群。如达到终止条件,则输出最终的结果;如尚未达到终止条件,则返回到步骤 2 进行遗传算法的迭代过程。

2. 算法过程

算法过程如下:

```
begin
    t ← 0;
    初始化 v(t);
    While 不满足停止条件 do
    Begin
        将 v(t) 等分为两个种群 v_B 与 v_S;
        将 v_B 发送给 Agent B,v_S 发送给 Agent S;
        Agent B 与 Agent S 根据各自接收种群对应效用函数进行选择操作;
        返回给 Agent X 选择后的结果集 R_B 与 R_S;
        Agent X 合并结果集 R_B 与 R_S 为一个种群;
        执行交叉与变异操作生成新的种群 v(t + 1);
        t ← t + 1
    end
    输出谈判双方效用和最大的谈判方案;
end
```

4.3 仿真算例与结果分析

4.3.1 改进非线性方程的 VEGA 算法仿真算例与结果分析

在第 3 章中,为验证模型的正确性与有效性,我们结合电子商务谈判中的特点,构建了非线性的效用方程。在具体算例中假设谈判双方风险态度中性,但在实际谈判中谈判双方风险态度不一定保持中性,而是我们熟知的保守型或风险型,对具体的不同谈判范围可能还有风险态度转变的可能。所以构建更为一般性的非线性效用方程能更好地模拟与验证本研究中模型的正确性与有效性。在本节中将对原有方程进行改进,分别运用原有直接搜索算法与基于并列选择法的 GA 算法仿真计算,并对结果进行对比。之所以先采用效用方程进行模型验证,是为了简化求解思路,在验证仿真中先不考虑 GD-FNN 网络相关的内容,使验证更易于理解。另外,在第 3 章的模型中,主要采用基于 Nash 均衡解的决策方程,如式(3.5) 与式(3.7) 所示。而本章的改进算法主要是基于多目标优化求解 Pareto 最优解的方法。其本质是基于 Pareto 最优解的决策方法,采用的决策公式为

$$\arg\max_{s} \sum_{i \in (1,n)} u_i(s) \tag{4.2}$$

1. 非线性效用函数模拟方程的改进

效用反映决策者对损益期望值的偏爱和取舍,通常用 u 表示($0 \leqslant u \leqslant 1$)。效用值为 1 的损益是决策者最偏爱的,效用值为 0 的损益是决策者最厌恶的。

设 $u(w)$ 为决策者效用函数,并且在区间 $D_w \in [0,1]$ 上连续,有一阶、二阶导数,则有:

① $u'(w) > 0 (w \in D_w)$,即 $u(w)$ 是关于 w 的递增函数。

② 当决策者为保守型(即风险厌恶型) 时,$u(w)$ 是凸函数, 即 $u''(w) < 0 \ (w \in D_w)$。

③ 当决策者为冒险型(即风险喜好型) 时,$u(w)$ 是凹函数, 即 $u''(w) > 0 \ (w \in D_w)$。

④ 当决策者为中立型(即风险中立型) 时,$u(w)$ 是线性函数, 即 $u''(w) = 0 \ (w \in D_w)$。

⑤ 在不同取值区间,上面几种类型的混合,称为复杂风险偏好型。

与之相对应的是表示谈判者对风险的态度:风险厌恶、风险喜好和风险中性以及具有复杂风险偏好等情况,如图 4.3 ~ 4.6 所示。而决策人对风险的态度是谈判理论研究的重要基本假设。

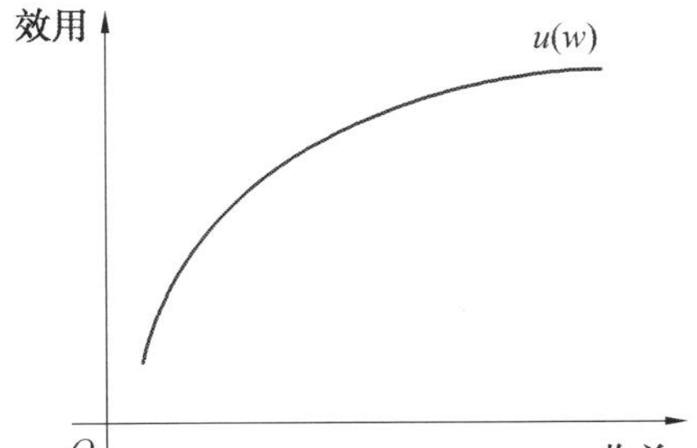

图 4.3　风险厌恶型效用函数

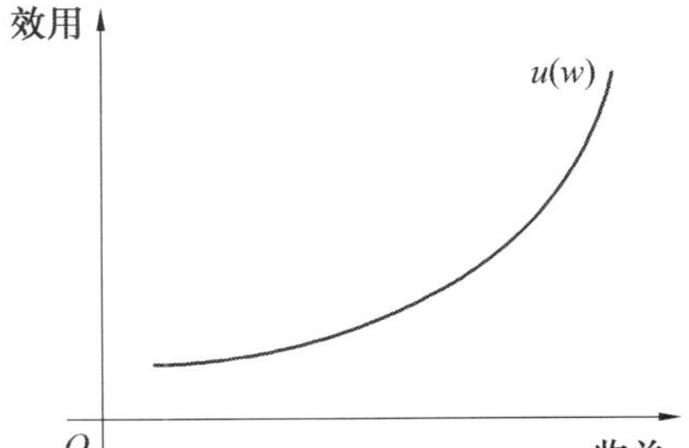

图 4.4　风险喜好型效用函数

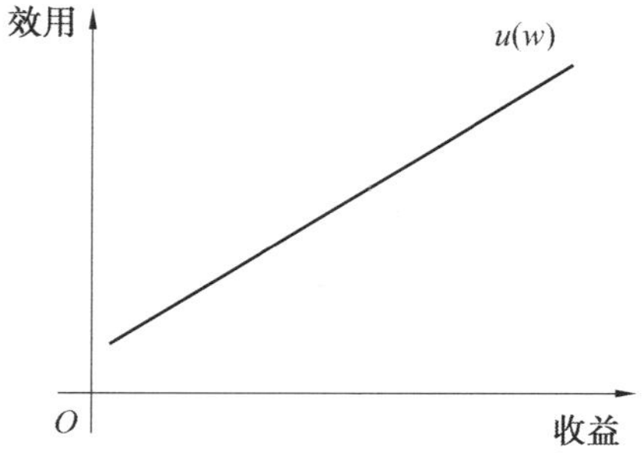

图 4.5　风险中性的效用函数

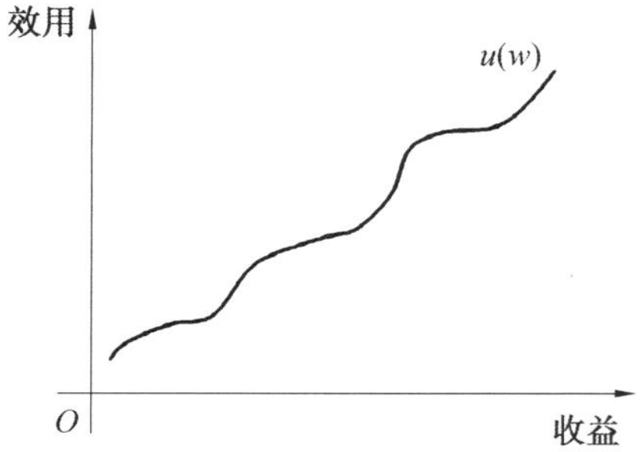

图 4.6　复杂风险偏好的效用函数

在第 3 章的 3. 2. 5 小节中，假设谈判双方对收益的风险态度中性，则买卖双方的非线性效用方程分别为式(3. 10) 与式(3. 12)。在本节中，为方便算例说明，不妨设卖方对总效用的风险的态度是风险厌恶型，买方对总效用的风险的态度是风险喜好型，且谈判双方对谈判属性范围内风险态度类型无明显变化(在非线性谈判中，风险态度类型可能随着不同的属性取值而产生变化，在此不做过多讨论。为方便模型验证，仅假设较简单情况，从求解模型机理上可知，这并不影响一般风险态度组合情况下的仿真模型效果验证)。在原有方程基础上不妨引入幂效用函数形式作为改进的效用函数方程。定义 r 为风险态度系数，当 $r<1$ 时表示风险厌恶型，当 $r>1$ 时表示风险喜好型，当 $r=1$ 时表示风险态度中性。为加以区别，r 在买方用 r_B 表示，在卖方用 r_S 表示。则改进后的效用方程为

$$u'_S=\left\{[p-(\alpha_1 q^{-\beta_1}+\alpha_2 q^{\beta_2})]\Big/\left\{p_A^+-\left[\alpha_1\left(\frac{\alpha_1\beta_1}{\alpha_2\beta_2}\right)^{\frac{-\beta_1}{\beta_1+\beta_2}}+\alpha_2\left(\frac{\alpha_1\beta_1}{\alpha_2\beta_2}\right)^{\frac{\beta_2}{\beta_1+\beta_2}}\right]\right\}\right\}^{r_S} \tag{4.3}$$

$$u'_B=\left\{\left(v(q_B^-)+\frac{1}{a+be^{-c(q-d)}}-p\right)\Big/\left(v(q_B^-)+\frac{1}{a+be^{-c(q_B^+-d)}}-p_B^-\right)\right\}^{r_B} \tag{4.4}$$

2. 谈判属性取值范围与相关运算参数设定

为便于模拟计算与结果分析，给定谈判 A 方(卖方) 与谈判 B 方(买方) 的谈判双方属性取值范围，并对非线性方程的待定参数进行直接设定，见表 4. 1。与第 3 章的参数设置一览表 3. 6 相比，方程中多出了风险态度系数变量 r_B 与 r_S。

为使问题描述更加直观且便于比较，运用 Matlab 7. 0 仿真给出主要相关图示：在新的效用函数方程下的 A 方效用曲面如图 4. 7 所示，B 方效用曲面如图 4. 8 所示，则谈判双方的 Pareto 最优解所在的效用函数曲面如图 4. 9 所示。在具体仿真计算过程中，图中只取谈判双方公共收益区域内，使谈判各方效用为正值的部分，负值部分不符合谈判方的收益要求，对应谈判方案被谈判方舍弃。

表 4.1　属性取值与参数设置一览表

谈判属性取值	下限	上限	公共收益区域	谈判 A 方待定参数	数值	性质	谈判 B 方待定参数	数值	性质
A 方价格	10	25	$p\in[10,20]$	α_1	3	质量损失	a	0.050	S 形函
B 方价格	5	20		β_1	2	成本系数	b	0.097 8	数参数
				α_2	5	质量保证	c	28.000	
A 方质量	0.50	0.98		β_2	4	成本系数	d	0.750 0	
			$q\in[0.6,0.98]$						
B 方质量	0.60	1		r_S	0.4	卖方风险态度系数	r_B	1.4	买方风险态度系数

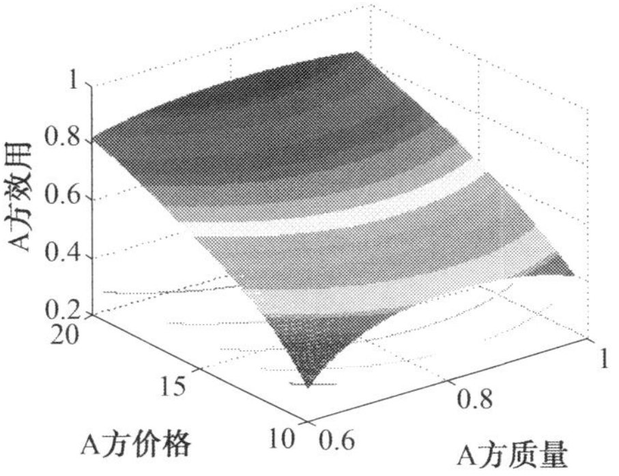

图 4.7　A 方效用曲面

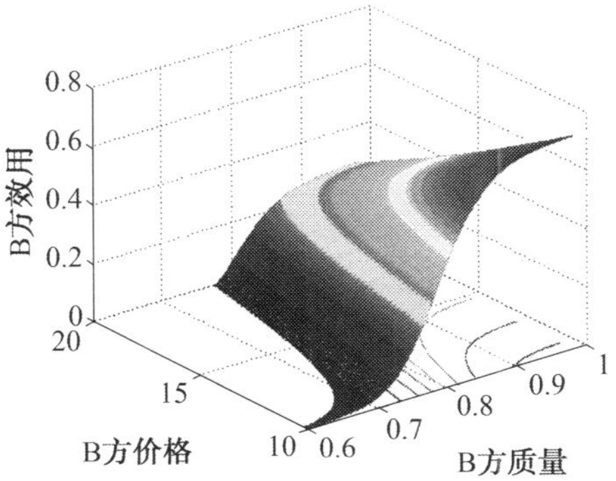

图 4.8　B 方效用曲面

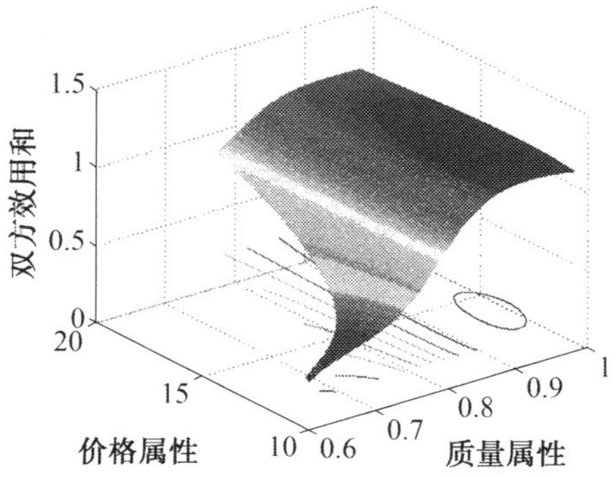

图 4.9 谈判双方效用和函数曲面

3. 模拟实验计算与结果分析

本章对多目标优化遗传算法用 Matlab 加以实现。为了明确算法本身而不是程序设计,我们采用 Matlab 遗传算法工具箱来提高编程效率。本书采用英国谢菲尔德大学开发的遗传算法工具箱。下面仅对本次程序设计所用到的函数做介绍。

① 函数 rep。rep 是一个低级复制函数,通常不直接使用,它可被 GA 工具箱中许多函数调用。

② 函数 crtbp。函数 crtbp 即创建初始种群,是遗传算法的第 1 步操作,随机生成染色体并组成初始种群。一元素随机数的矩阵 Chrom 由 crtbp 创建而成。

③ 函数 bs2rv。函数 bs2rv 即二进制串到实值的转换函数。

④ 函数 ranking。函数 ranking 即基于排序的适应度分配,其按照个体的目标值 ObjV 由小到大的顺序对它们进行排序。

⑤ 函数 select。函数 select 即从群中选择个体。

⑥ 函数 recombin。函数 recombin 即重组个体,"xovsp" 意为单点交叉。

⑦ 函数 mut。函数 mut 为离散变异算子,用来变异操作,初始化程序的源码如下:

```
NIND = 40;                % 个体数目
MAXGEN = 200;             % 最大遗传代数
NVAR = 2;                 % 变量个数
PRECI = 20;               % 变量的二进制位数
GGAP = 0.9;               % 代沟(Generation gap)
trace1 = [ ]; trace2 = [ ]; trace3 = [ ];   % 性能跟踪
FieldD = [rep([PRECI],[1,NVAR]);[1,1;4,2];
rep([1;0;1;1],[1,NVAR])];                       % 建立区域描述器
Chrom = crtbp (NIND,NVAR 3 PRECI);              % 初始种群
v = bs2rv (Chrom,FieldD);                       % 初始种群十进制转换
```

本章所有方法如无特殊说明均采用此初始化程序。

采用上述模型与算法进行计算得到如下仿真结果,并做如下分析:

通过对谈判双方目标函数的最优解性能跟踪,分别得到卖方目标函数的最优解及性能跟踪如图4.10所示;买方目标函数最优解及性能跟踪如图4.11所示;谈判双方两目标函数和的最优解及性能跟踪如图4.12所示;迭代后谈判双方目标函数值的变化,如图4.13所示。在图4.10中,卖方目标函数的最优解通过200代跌代,收敛于0.88;在图4.11中,买方目标函数的最优解通过200代迭代,收敛于0.73;从图4.12中可见谈判双方效用和的变化过程,效用和的最优解最后在较小的区间范围内波动,且种群均值的变化趋于平稳;从图4.13中更易看出谈判双方效用目标函数的妥协过程。通过与GA搜索算法(图4.14)进行比较,可见本方法只能在一定精度范围内逼近最优解,而不能完成收敛与最优解。为研究其精度,采用多次计算的均值与直接搜索算法进行比较,给出运行结果与相对误差,见表4.2。

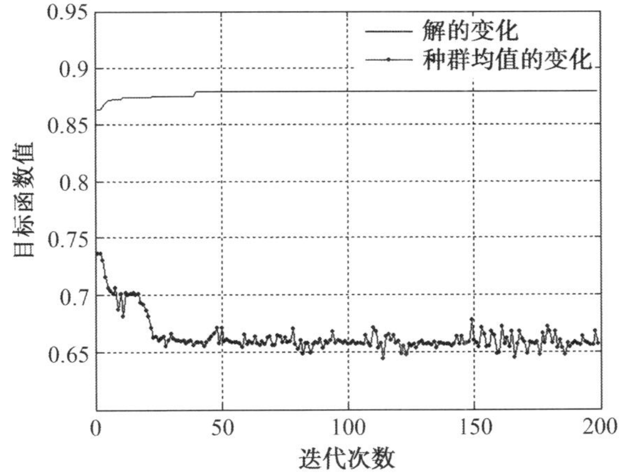

图4.10　卖方目标函数的最优解及性能跟踪

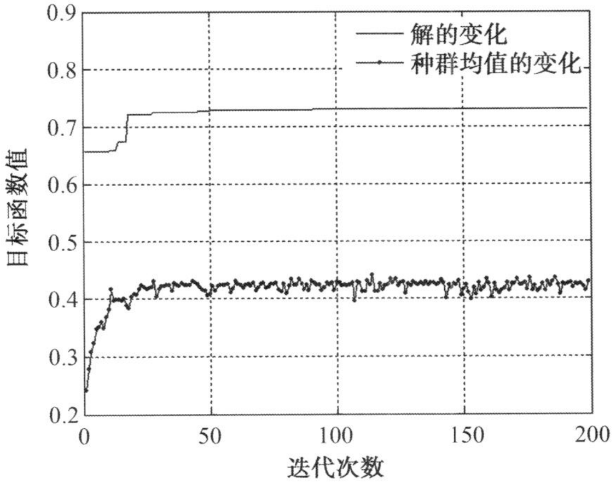

图4.11　买方目标函数的最优解及性能跟踪

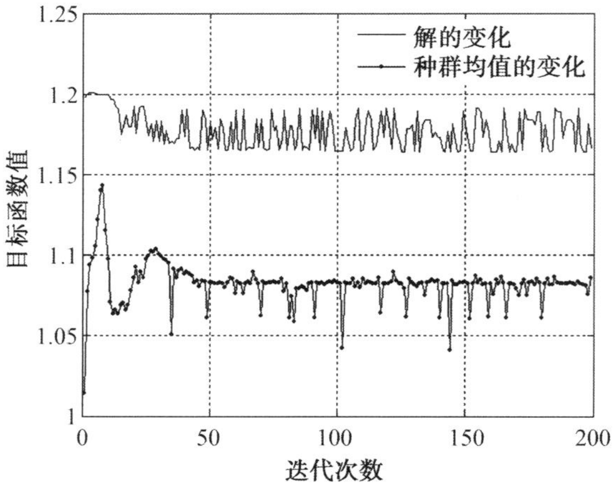

图 4.12　两目标函数和的最优解及性能跟踪

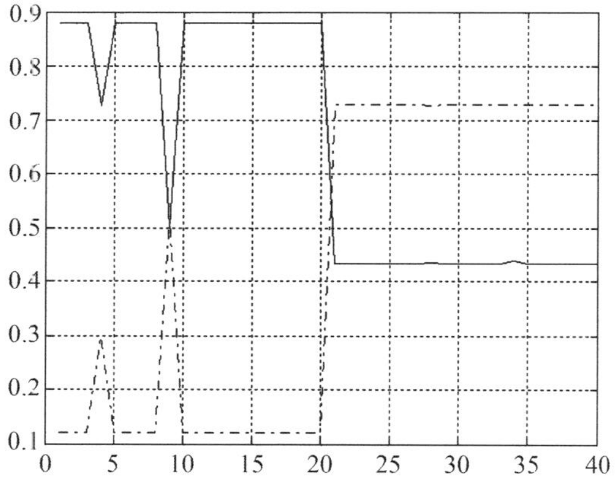

图 4.13　迭代后第一、第二目标函数值

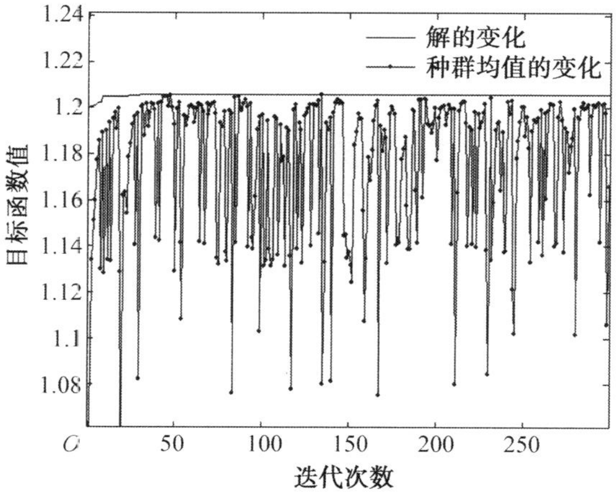

图 4.14　GA 搜索算法的最优解及性能跟踪

表 4.2　运行结果与相对误差

输出参数	GA 算法	VEGA 算法 (20 次仿真均值)	相对误差/%
价格	11.935 7	11.462 9	3.96
质量	0.923 9	0.943 6	2.13
谈判双方效用	(A 方)0.584 7 (B 方)0.621 2	(A 方)0.577 2 (B 方)0.606 2	(A 方)1.28 (B 方)2.41
效用和	1.205 9	1.183 4	1.87

在表 4.2 中分别给出了运用直接搜索算法和运用并列选择法的遗传算法计算得到的价格、质量、谈判双方效用以及效用和,并进一步给出了采用这两种不同方法所得数值的相对误差。从非线性方程特点与图 4.9 效用和曲面可以看出,在本仿真假设中的 Pareto 效用曲面具有单一峰值,所以可以与直接搜索算法所得数值进行误差分析。其中由于 GA 的精度较高,其误差不计,则相对误差主要表现为基于并列选择法的 GA 算法最优解与 Pareto 最优解之间的逼近误差。通过取 20 次计算的平均值,采用本方法得到最终的输出结果:价格为 11.462 9,相对误差为 3.96%;质量为 0.943 6,相对误差为 2.13%;A 方效用为 0.577 2;B 方效用为 0.606 2;相对误差分别为 1.28% 和 2.41%。计算总体精度较高,可以达到谈判的要求。

4.3.2　GD-FNN/VEGA 算法模型的仿真与结果分析

通过上述仿真可以看出,VEGA 算法模型在保护私有信息安全的同时,取得了较为令人满意的求解精度。本书将在第 3 章的基础上进一步引入 GD-FNN/VEGA 算法,具体仿真计算过程与 3.2.5 相同,这里不再赘述。不同之处在于采用如前文图 4.2 所示的 GD-FNN/VEGA 谈判算法模型,并以考虑风险态度的式(4.3) 与式(4.4) 作为谈判双方的非线性效用仿真方程。下面仅给出仿真过程相关图示与结果分析。

1. 谈判双方神经网络的训练

运用 Matlab 编程,对于 A 方,首先从价格与质量取值范围[10,25] × [0.50,0.98] 中随机采样数据,并剔除 $p-(\alpha_1 q^{-\beta_1}+\alpha_2 q^{\beta_2})<0$ 的数据,最终得到 196 个有效输入数据,并运用式(4.3) 求得对应效用值,组成 196 个样本数据。训练前对输入数据运用刻度法进行归一化处理。GD-DFNN 参数选择见表 4.3,训练结果:产生 4 条模糊规则,如图 4.15 所示;其均方根误差为 3.69%,如图 4.16 所示。按同样要求选取 125 个数据,用来测试学习后的 GD-FNN 泛化能力,其测试均方根误差为 3.17%(图略)。

表 4.3　神经网络与遗传算法参数选取表

GD-FNN 参数名称	参数值	参数描述	GA 参数名称	参数选取	参数描述
ε_{min}	0.5	模糊规则匹配度最小值	C	二进制	编码方法
ε_{max}	0.8	模糊规则匹配度最大值	E	GD-FNN	替代评价函数
e_{min}	0.1	增加规则时的期望输出精度	M	40	种群大小
e_{max}	0.5	增加规则时的选择最大误差	Φ	并列选择法	选择算子
k_{mf}	0.65	相邻隶属函数相似性常数	Γ	单点交叉	交叉算子
k_s	0.9	高斯宽度修正的衰减因子最小值	Ψ	离散变异	变异算子
k_{err}	0.002	删除规则阈值	T	200 代	终止条件

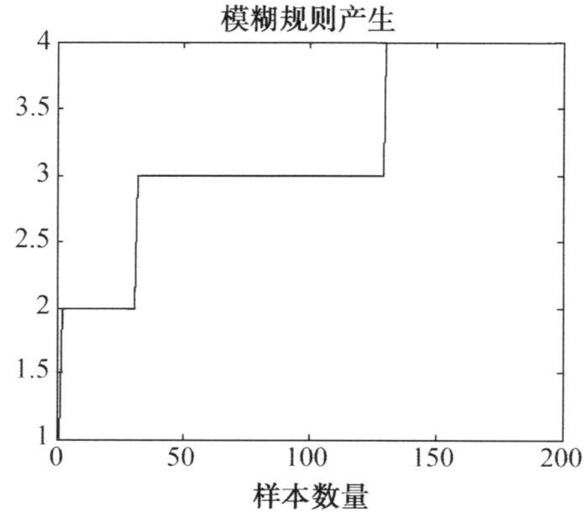

图 4.15　A 方规则产生

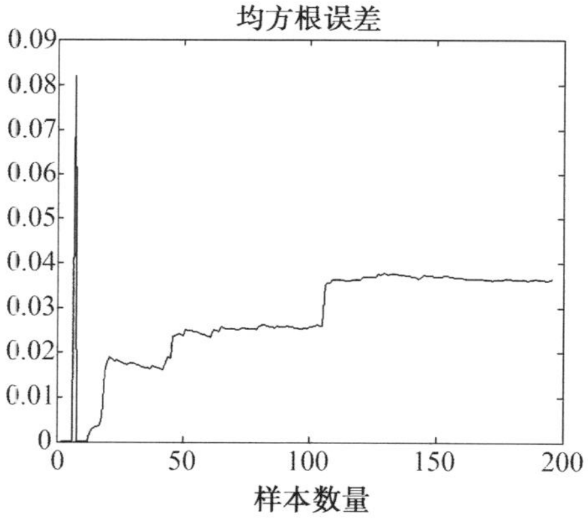

图 4.16　A 方均方根误差

同样，对于 B 方从取值范围[5,20]×[0.60,1.00]中随机采样数据，并剔除 $\left(v(q_B^-)+\frac{1}{a+be^{-c(q-d)}}\right)<p$ 的数据，最终得到 196 个有效输入数据，并运用式(4.4)求得对应效用值，组成196个样本数据。训练前对输入数据运用刻度法进行归一化处理，训练结果：产生 4 条模糊规则，如图 4.17 所示；其均方根误差为

3.87%，图4.18所示。按同样要求选取125个数据，用来测试学习后的GD-FNN泛化能力，其测试均方根误差为2.96%（图略）。

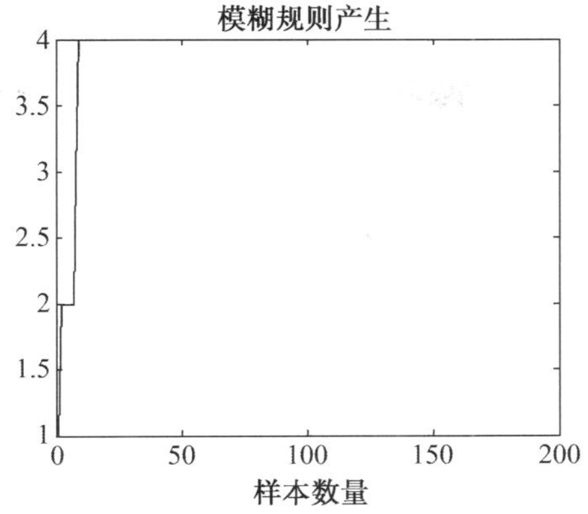

图4.17　B方规则产生

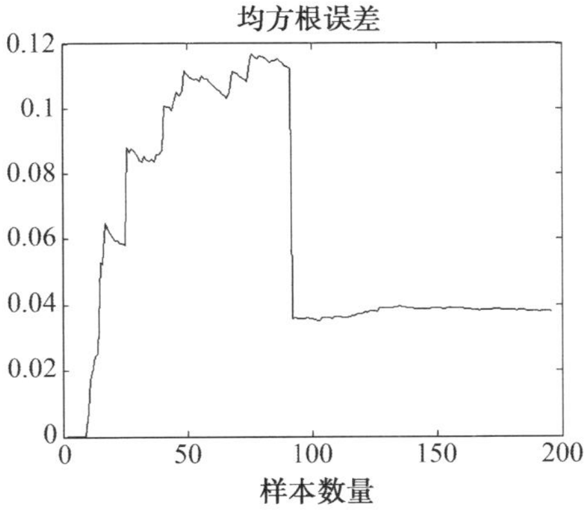

图4.18　B方均方根误差

2. GD-FNN/VEGA混合智能算法求解

在神经网络训练达到要求后，采用如前文图4.2所示的模型进行计算，VEGA参数如前文表4.3所示。仿真过程如图4.19所示，输出有关结果见表4.4。

3. 结果分析

从图4.19可见运用训练好的神经网络进行评价，并经遗传算法200代迭代的优化过程。由于VEGA采用并列选择法，因此经200代迭代后的最优解在一个小范围的区间波动，且种群均值的变化趋于平稳。这表明谈判双方的最优解（效用和）在小区间进行不断的调整。算法可以在一定精度范围内逼近Pareto最优解。在表4.4中分别给出了非线性效用方程直接搜索GA算法和GD-FNN/VEGA算法所得到的价格、质量、谈判双方效用以及效用和，并进一步给出了采用这两种不同方法所得数值的相对误差。其中由于运用非线性效用方程直接搜索算法的精度较高，其误差不计，则相对误差主要表现为GD-FNN/VEGA算法与Pareto最优解之间的逼近误差。通过取 20 次计算的平均值,采用本方法得到最终的输出结果:价格为 11.154 2,相对误差为 6.54%;质量为 0.905 1,相对误差为 2.03%;A 方效用为 0.598 3,B 方效用为 0.580 5,相对误差分别为 2.33% 和 6.55%。计算总体精度较高,可以达到谈判的要求。采用 GD-FNN/VEGA 算法与采用 GD-FNN/GA 搜索算法相比误差要大一些,这是由于 GD-FNN 的评价误差与 VEGA 误差产生了一定的叠加(VEGA 较 GA 搜索算法存在一定误差),不过为了降低私有信息泄露的风险牺牲小量的精度也是可以接受的。

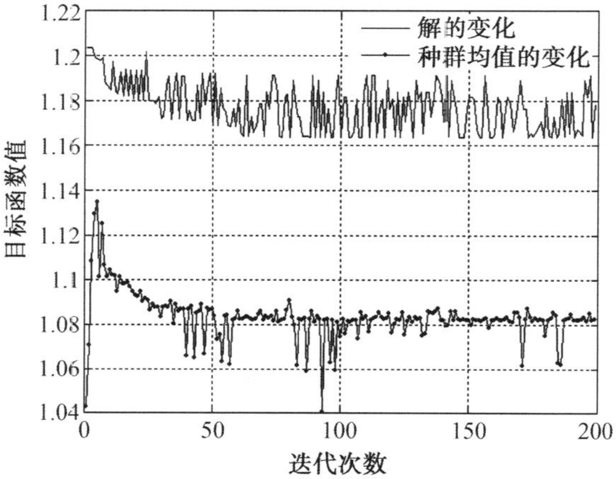

图 4.19　经 200 代迭代后优化结果

表 4.4　运行结果与相对误差

输出参数	GA 算法	GD-FNN/VEGA 算法(20 次仿真均值)	相对误差/%
价格	11.935 7	11.154 2	6.54
质量	0.923 9	0.905 1	2.03
谈判双方效用	(A 方)0.584 7 (B 方)0.621 2	(A 方)0.598 3 (B 方)0.580 5	(A 方)2.33 (B 方)6.55
效用和	1.205 9	1.178 8	2.25

4.4　算法复杂度分析

4.4.1　度量算法效率的方法

由于求解问题的复杂性,对于算法的求解效率要求较高。这就需要我们对算法的效率进行简要分析。度量算法效率的一种方法是事后统计方法,即先将算法实现,然后输入适当的数据进行运算,最后测算其时间和空间开销。事后统计方法有两个主要缺点:一是编写程序实现算法将花费较多的时间和精力;二是所得实验结果依赖于计算机的软/硬件等环境因素,有时容易掩盖算法本身的优劣。

通常我们采用事前分析估算的方法,即渐进复杂度(Asymptotic Complexity)。它是对算法所消耗资源的一种估算方法,这意味着得到一个大致正确的结果即可。在度量算法效率分析中主要有两方面的内容,即算法的空间复杂度分析与算法的时间复杂度分析。

4.4.2　空间复杂度分析

一个算法的空间复杂度(Space Complexity)定义为该算法所耗费的存储空间 $S(n)$,它也是问题规模 n 的函数。一般来说,渐近空间复杂度(Asymptotic Space Complexity)也简称为空间复杂度,通常记为 $S(n)=O(f(n))$,其中 n 为问题规模。算法在执行期间所耗费的空间应该包括三个部分:第一,输入数据所耗费的存储空间,只取决于问题本身,和算法无关;第二,程序代码所耗费的存储空间,对不同算法来说也不会有数量级的差别;第三,辅助变量所耗费的存储空间,随算法的不同而异,有的只需要占用不随问题规模 n 改变而改变的少量临时空间,有的则需要占用随着问题规模 n 增大而增大的临时空间。因此,在求解算法的空间复杂度时,只需要分析算法执行过程中辅助变量所耗费的存储空间。

在本书研究的算法中,空间复杂度主要来自 GA 初始种群占有的空间。因此运用种群空间对算法空间复杂度进行度量,在算法中其他相关程序代码所耗费的存储空间不会有数量级的差别,算法的空间复杂度为 $O(m\times c)$。其中,c 为染色体长度,m 为种群规模。可见,在染色体群体确定的情况下,算法的空间复杂度变化不大,算法具有良好的空间复杂度。

4.4.3　时间复杂度分析

算法的时间复杂度是对算法运行时间的度量,用来表示算法的计算效率高低。算法的时间复杂度的大小在一定程度上反映了算法性能的优劣。本算法中的时间主要由以下三部分组成:一是作为代替适应度评价函数的 GD-FNN 神经网络的运算时间;二是遗传算法本身代码运行的时间;三是网络信息交互及 C# 与 Matlab 接口数据传输转换的时间。对分布式混合智能算法的时间复杂度分析如下:

① 在模型算法中,GD-FNN 神经网络的计算时间是整个算法的关键,随着问题求解规模变化,GD-FNN 神经网络结构自适应地对应变化,从 GD-FNN 的定义可以判断,其用于评价计算的时间复杂度不会超过时间复杂度数量级 $O(n)$,其中 n 为问题规模数,本例中为谈判方案的属性数。

② 在遗传算法中,适应度值的计算时间占算法时间的主体,因此对于算法的时间复杂度分析可以简化为:计算个体适应度操作的时间复杂度代替整体算法的时间量度。而遗传算法中的评价函数在本模型中是由 GD-FNN 神经网络替代的,因

此，迭代 t 次的遗传算法的时间复杂度为 $O(t \times n)$，其中，t 为遗传算法迭代次数。

③在模型运算过程中，网络信息的交互及C#与Matlab接口数据传输转换时间不会随着问题规模变化而出现超过一个数量级的变化，因此可以认为每次计算的时间复杂度接近 $O(1)$。经过迭代 t 次计算后，时间复杂度可以认为是 $O(t)$。

通过上面的分析，我们可以得出，模型总的时间复杂度数量级取 $O(t \times n)$ 与 $O(t)$ 中的较大者，因此，模型算法总体的时间复杂度数量级为 $O(t \times n)$。可见算法的复杂度与解空间的维数（谈判属性个数）和算法的迭代次数都有关系。在一定的迭代次数范围内，算法时间复杂度与问题求解规模成线性阶 $O(n)$，具有较好的时间复杂度。

通过以上算法空间与时间复杂度分析可知，本书的研究中采用的算法模型具有较好的复杂度特性，求解复杂度不会因问题求解规模的增长而出现巨大的变化。

4.5 关于信息保护的探讨

通过上述算法模型，我们将 GD-FNN/GA 谈判模型拓展到具有私有信息保护的 GD-FNN/VEGA 谈判模型，并且将遗传算法的直接搜索算法转变为具有协调人的网络分布式计算方法，初步解决了本章开篇提出的原有谈判模型的局限问题。对于网络分布式存储与网络通信安全的信息保护措施等将在下一章中阐述。本节主要对 VEGA 的私有信息保护进行分析。

从 GD-FNN/VEGA 谈判模型可以看出，协调人与谈判人、谈判人与谈判人之间的信息交互都是间接的信息，在计算过程中并未传递有关谈判各方的效用函数等私有信息。在计算过程中，谈判双方并不能获得对方的私有信息，而协调人仅能看到谈判双方返回的选择后的结果集，至于是根据什么效用函数或评价标准产生的选择结果集并不清楚。如果说能够获得什么信息的话，也仅能从迭代过程中研究选择结果的变化过程，例如试图进行提议方案的排序，从而描绘谈判方的效用函数。但由于在本 VEGA 算法中谈判方代理软件的选择，其可以根据自己的需要自行改进，此外算法还受到诸如交叉、变异与拆分子种群等多种因素的影响，这种跟踪排序的尝试具有较大难度并具有极大的不确定性，很难获得连续的排列。所以协调人对谈判各方的私有信息了解有限，从而在一定程度上保护了谈判双方的私有信息，提高了谈判效率与谈判质量，降低了谈判双方的损失风险。

4.6 领域内相关算法比较

至此，本书提出的多属性依赖双边谈判的模型与算法基本完成，但本模型算法与多属性依赖谈判领域内的其他方法相比，是否具有一定的优势或局限呢？下面将本书提出的模型算法与领域内相关研究的方法进行比较。为便于阐述，分别从谈判效用获取模型、应用性、求解精度、私有信息保护、复杂度与可拓展性等六个方面进行对比,见表4.5。

表4.5　多属性依赖谈判领域相关模型性能对比分析表

模型	谈判各方效用获取模型	应用性	求解精度	私有信息保护	复杂度	可拓展性
Mark Klein等提出的模型	未讨论 直接给出简单模拟效用空间	较差 没有给出谈判各方效用获取方法,属性值采用二值函数	一般 模拟退火和爬山搜索方法搜索Pareto最优解	一般 采用协调人机制	较高 求解规模与求解效率接近指数阶	一般 拓展到多边情况,算法复杂度偏高,可拓展性一般
Fujita等提出的模型	未讨论 直接给出简单模拟效用空间	一般 没有给出谈判各方效用获取方法	好 采用Pareto最优与Nash均衡结合的多种智能求解方法	较好 采用DMP谈判协议	较高 求解规模与求解效率接近指数阶	一般 拓展到多边情况,算法复杂度偏高,拓展性一般
王黎明、李琨GAI模型	GAI模型 假定GAI网络结构已知且学习因子确定	一般 网络结构确定与学习因子确定较复杂	一般 图搜索	未讨论 采用交互式谈判方式,运用让步策略	较高 网络结构确定与学习因子确定较复杂	较差 多方谈判采用GAI模型拓展较难
GD-FNN/GA(本书第3章)	GD-FNN 充分利用GD-FNN知识抽取与拟合非线性函数能力	较好 整个谈判求解过程具有可操作性	较好 混合智能算法	一般 协调人公正性假设	低 求解规模与求解效率呈线性阶	较好 双边谈判模型较易拓展到多边情况
GD-FNN/VEGA(本书第4章)	GD-FNN 充分利用GD-FNN知识抽取与拟合非线性函数能力	好 整个谈判求解过程具有可操作性,私有信息得到一定保护	较好 混合智能算法	好 放松了协调人公正性假设	低 求解规模与求解效率呈线性阶	较好 双边谈判模型较易拓展到多边情况

注:由于各方法采用不同指标论述,此表中作者仅给予定性描述并做出相应简要解释。在定性描述中采用五级评价:好、较好、一般、较差、差等评价词语及相近描述

在表 4.5 中,根据多属性依赖谈判领域的相关文献,选取具有代表性的方法,从是否提供谈判各方效用获取模型、应用性、求解精度、私有信息保护、复杂度与可拓展性等六个方面进行了定性评价。对于其他研究人员提出的模型算法,如 R. J. Lin 与 S. C. T. Chou 揭示了可变的二元谈判合同谈判协议的取值范围;Barbuceanu 和 Lo 给出了多属性依赖谈判放松约束的方法,仅给出了具有 27 个合同的小的模型,但并没有给出有效实验证明;还有一些方法也不具有代表性,在此处没有过多进行评论。

从表 4.5 中可以看出,本书提出的 GD-FNN/VEGA 模型总体性能优越,在求解精度方面表现较好;应用性、复杂度、私有信息保护与可拓展性方面表现较突出。

4.7 本章小结

在现实的电子市场中很难保证谈判参与人的"诚信",谈判协调人的公正性也常常受到质疑。因此原有的谈判模型与求解算法并不能完全适用于现实的电子市场。在本章提出的模型中,弥补了现有谈判模型的不足,参与谈判双方可以不用直接向协调人给出自己的效用偏好,而是针对谈判协调人提议方案集间接地给出选择的结果。而如何进行选择,按什么标准进行选择等私有信息得到了一定程度的保护。研究表明,GD-FNN/VEGA 模型总体性能优越,在求解精度方面表现较好;在应用性、复杂度、私有信息保护与可拓展性方面表现较突出。

第5章　B to B 电子商务中多属性依赖双边谈判支持系统原型设计与实现

通过对前面各章的研究,本章设计并实现一个基于 B to B 电子商务的多属性依赖谈判支持系统原型。在系统结构设计与功能设计方面,以 B to B 电子商务的实际交易过程为基础,给出了系统设计与应用的方案,为多属性依赖谈判在 B to B 电子商务中的具体应用提供了参考。

5.1　多属性依赖双边谈判支持系统分析

5.1.1　B to B 电子商务的一般业务流程

当前,B to B 电子商务系统一般是在 Internet/Intranet(互联网/内联网)基础上建立的应用系统,一般是由物理实体和逻辑实体两部分构成。

在交易流程中,主要物理实体有6类,分别是:供应商、采购方、协调人、银行、客户服务中心以及物流配送服务商。除此之外,政府职能部门,如工商、税收、海关、财政等部门也参与其中。由于电子商务所具有的网络技术特点,所以与一般商务活动相比,付款环节的网上银行或者第三方支付以及交付中的物流配送实现等都变得十分重要。在电子商务中,参与的逻辑实体主要有4类:电子商务服务器、浏览器、支付网关以及认证服务器。除此以外,逻辑实体还涉及在各种网络环境中的各种支撑技术。图5.1给出了 B to B 电子商务交易的一般流程。

基于协调人的多属性依赖双边谈判支持系统,是以 C/S 访问模式为基础的,为电子商务提供谈判决策支持系统。因此,多属性依赖谈判支持系统的系统结构与电子商务的结构相类似,只是在功能结构的具体实现上略有不同。

5.1.2　多属性依赖双边谈判决策支持系统的功能结构分析

在 B to B 电子商务中,对于多属性依赖的谈判商务过程可分为以下4个阶段。

1. 身份确认与信息发布阶段

在正式谈判前,如果某一谈判方企业想进行电子商务多属性依赖谈判活动,则该谈判方企业要先安装、调试谈判方代理软件,在协调人谈判系统上进行注册,提交身份确认信息;通过审核后,发布产品或需要信息,以及对谈判对方企业的要求信息等内容,以便找到潜在的谈判对手;协调人就谈判双方的初步谈判要素约定开

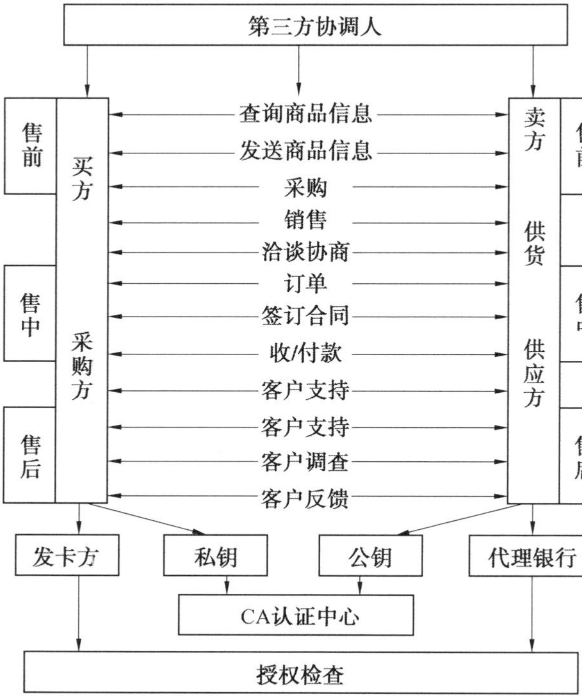

图 5.1　B to B 电子商务交易的一般流程

启谈判进程。

2. 评价模型输入与谈判初始化阶段

在上述准备工作完成后，可以评价模型输入与谈判的初始化阶段。所谓谈判初始化是指选定谈判对手并就谈判双方的初步谈判要素约定达成一致，设置谈判属性类别、取值范围和确定采用哪种谈判模型等谈判要件。

3. 多属性依赖双边谈判阶段

在这一阶段，协调人代理软件启动谈判进程，谈判双方通过谈判代理软件与协调人代理软件进行谈判最优解的求解过程，计算结束后，谈判解建议信息由谈判代理软件给出，用于辅助谈判双方的最终决策，帮助供给方和需求方在谈判过程中找到最满意的方案。

4. 多属性依赖双边谈判完成阶段

在计算完成后，谈判双方就系统给出的最优解建议进行决策，决定是否采用此次谈判结果。如同意结果，则签订并履行谈判合同，完成谈判；如有一方不接受此次谈判结果，则此次谈判失败。谈判者可进行下一次的谈判过程，就谈判初始要件重新与对手进行协商或重新查找谈判对手进行新一轮的谈判进程。

B to B 电子商务中的多属性依赖双边谈判支持系统是根据原有谈判系统没有解决多属性依赖问题而提出的，就非线性效用函数情况下的效用评价模型获取与表达进行了较深入的研究，提出了多种评价模型，并由此构建了直接协调的双边谈判模型，进一步拓展了协调人公正性假设，构建了具有私有信息保护的双边谈判模型。多属性依赖的双边谈判支持系统，在谈判应用上与原有双边谈判系统相比有很强的拓展性，可以适应 B to B 电子商务实际双边谈判活动需要，具有较高的理论与应用价值。

5.2　多属性依赖双边谈判支持系统的设计与实现

5.2.1　多属性依赖双边谈判支持系统功能结构设计

多属性依赖的双边谈判支持系统可分为 4 个子系统：接口、谈判代理、谈判协调和系统管理。图 5.2 是多属性依赖双边谈判支持系统结构图。

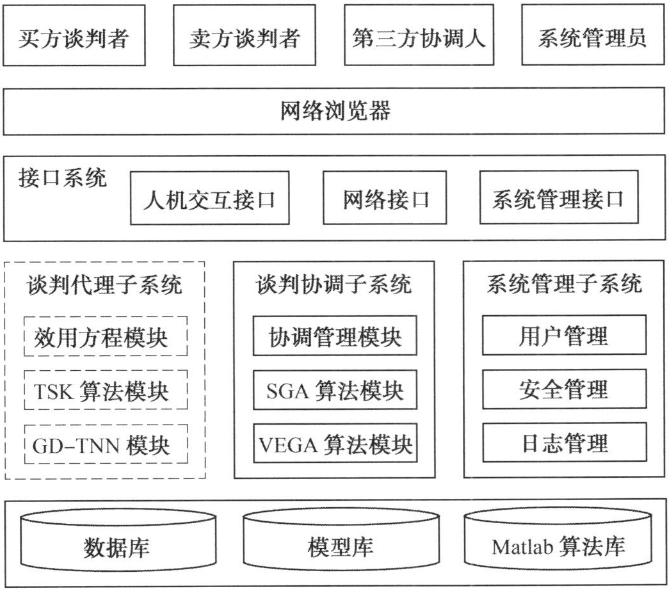

图 5.2　多属性依赖双边谈判支持系统结构

1. 接口系统

人机交互接口、网络接口与系统管理接口 3 个子系统构成系统的接口，接口系统负责处理信息交换，主要包括谈判者与谈判信息系统间的信息。谈判者和系统的交互是由人机交互接口实现的，该接口还对谈判信息的输入与谈判方案提议的输出等提供支持。在谈判方输入自己的效用偏好时，网络接口用来实现代理谈判软件与谈判方的数据交换，用以获取谈判方效用函数、模糊规则输入与训练数据输入以及训练结果输出等数据操作接口。用户管理是通过系统管理接口实现的，系统管理接口主要完成系统模块的定义、模块的初始化以及添加新系统功能模块等。

2. 谈判代理子系统

谈判方在注册后,可以在谈判平台下载获得与协调代理软件通信的谈判方代理软件,并对软件进行检测与偏好输入。所以谈判代理子系统实际上是在谈判方的客户端计算机上,在存储上实现数据信息的分离与保护。图 5.2 中由虚线框起的部分表示谈判代理子系统。对于代理软件的偏好输入可以有以下几种方式:

① 直接输入效用函数数学公式。如果谈判方能够提供准确的效用函数,则可以在客户端谈判代理软件中直接输入谈判方的效用函数数学公式,为方便公式的计算提取,建议采用 Matlab 语法格式。

② 输入 TSK 模糊系统规则集。如果运用 TSK 模式进行偏好输入,则可根据领域专家知识,输入模糊规则集。为便于谈判方操作可运用 Excel 电子表格导入。

③ 输入训练数据。利用 GD-FNN 模式,运用已有数据对 GD-FNN 进行训练,以达到谈判要求的训练精度,以便在评价谈判方案的效用中应用。

④ 其他方式。在原有网络接口基础上,谈判用户可以采用其他效用评价方法,但要满足对谈判方案集进行快速并行计算,与协调人代理软件兼容等基本要求。

3. 谈判协调子系统

谈判协调子系统在谈判平台的服务器一方,其主要作用是作为谈判中介的协调人,促进谈判双方达成谈判协议,控制谈判算法过程,提供谈判协调人代理软件与谈判方代理软件间的通信与算法控制,进行信息交换。谈判协调子系统包括三个主要软件模块:

① 协调管理模块。协调管理模块的主要功能包括:谈判双方谈判初始谈判要素的协调与确认、算法匹配与开启和算法数据的输出与接收等基本控制与操作,对谈判模型的维护与管理等。它是协调谈判双方初始谈判要素达成一致,从而开启谈判的中介;是 SGA 算法、VEGA 算法与谈判代理子系统中各算法进行评价、数据交换与管理控制的基础;是谈判整体模型构建的关键中枢,没有协调控制模块,则谈判子系统中的算法与协调子系统中的算法就不能整合成完整的谈判模型。

②SGA 算法模块。SGA 算法模块是谈判协调子系统中的基本遗传算法的主体软件,它通过协调控制模块与谈判代理方软件共同构建成直接搜索的混合智能算法模型,对应于第 3 章中的模型内容。

③VEGA 算法模块。在谈判协调子系统中,VEGA 算法模块是 VEGA 遗传算法的主体软件。它通过协调控制模块与谈判代理方软件共同构建成具有私有信息保护的高级算法模型,对应于第 4 章中的模型内容。

4. 系统管理子系统

对于谈判支持系统管理的维护与管理主要是通过系统管理子系统实现的,其主要包括用户管理、安全管理和日志管理 3 个模块。

①用户管理是指对谈判者和协调人的用户信息进行查询、增加、修改以及删除等基本操作,当然其中也包括对用户在系统中应用的追踪管理。

②安全管理是对系统应用安全的保证，主要包括对用户的权限、电子支付安全认证的管理，对于系统功能与后台数据的授权安全管理以及电子证书和网络密钥安全的认证管理。

③日志管理实现系统应用事件的记录与跟踪，实现对谈判者和协调人各种操作活动的系统记录与跟踪。

5.2.2　多属性依赖双边谈判支持系统流程设计

系统流程设计如图 5.3 所示。在谈判双方完成效用评价模型训练后，可以准备进行谈判。

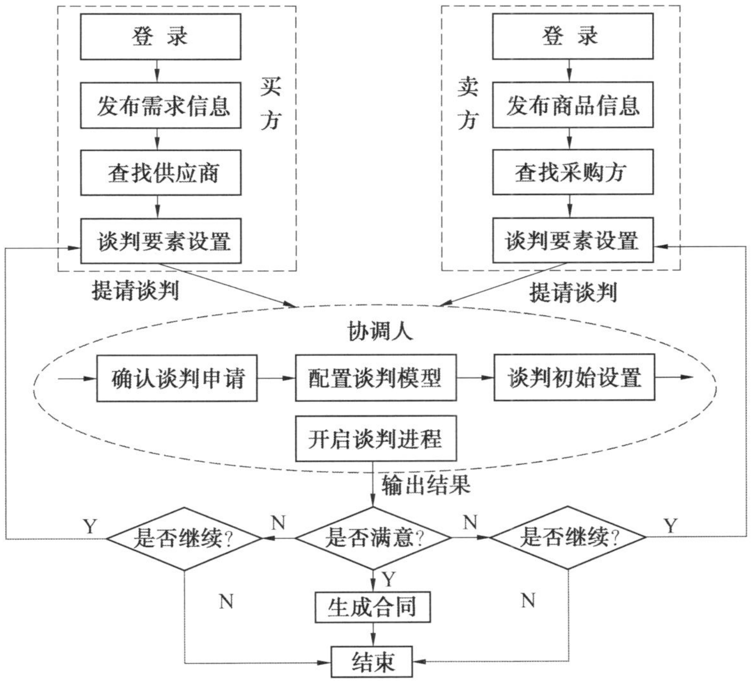

图 5.3　多属性依赖谈判系统流程图

从图 5.3 中可以看出，谈判双方企业运用谈判方代理软件登录系统后，进行信息发布、查找谈判对手、设置谈判要素等准备活动，然后申请开始谈判。协调人软件通过对比谈判双方谈判要素设置是否满足谈判要求，给出反馈信息。如双方同意则开始按谈判要素配置谈判模型，初始化谈判算法，启动谈判计算进程并输出谈判结果。若谈判双方均对谈判建议满意则生成谈判合同；如不满意，可重新设置谈判要素进行下一轮谈判，也可以结束本次谈判进程，以便更换谈判对手或退出。

5.2.3　多属性依赖双边谈判支持系统数据结构设计

根据多属性依赖双边谈判支持系统的功能结构设计，系统的数据结构主要由用户、商品、商品类别、模型、谈判要素和日志 6 个数据主体,以及主体之间的关系组成。图 5.4 给出了多属性依赖双边谈判支持系统的实体关系(E-R) 图。

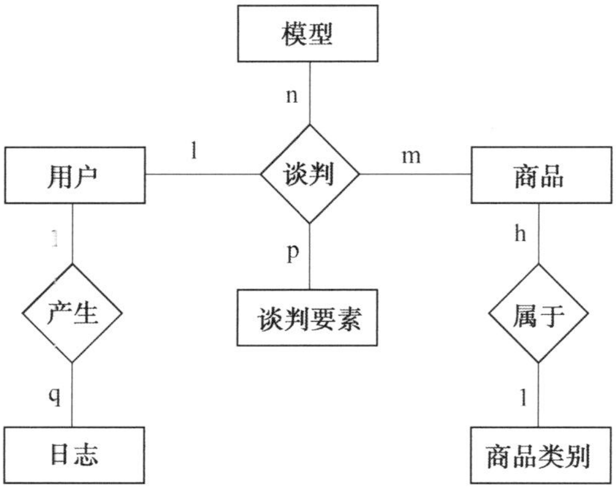

图 5.4　多属性依赖双边谈判支持系统 E-R 图

注:图中标注的 n、l、m、p、q 表示实体间的多对多关系

① 用户。用户实体主要用于存储注册用户的信息,包括:用户的 ID、密码、姓名、年龄与联系方式等具体信息。

② 商品。商品实体主要用于存储谈判商品的信息,包括:商品名称、规格、价格、供应商以及交货方式等商品信息。

③ 商品类别。商品类别实体主要用于存储商品分类信息,包括:商品类别编码、类别名称和类别描述等。

④ 模型。主要存储谈判模型信息,包括:模型编码、模型名称、模型代码、维护时间和维护人员等。

⑤ 谈判要素实体。主要存储谈判双方达成一致的谈判要素,包括:要素 ID 与要素描述等相关信息。

⑥ 日志。主要存储用户相关操作记录,包括:日志编号、日志内容等。

⑦ 谈判关系。谈判关系实体主要存储谈判相关信息,包括:本次谈判 ID、参与的谈判者、谈判涉及商品、谈判模型、谈判要素、谈判结果、谈判日期和其他相关信息。

5.3　多属性依赖双边谈判支持系统实现的关键技术

5.3.1　C# 与 Matlab 混合开发

本书中的算法程序充分利用 C# 语言的面向对象的特点,并利用 Matlab 智能算法工具包与强大并行计算能力,开发基于互联网通信的 C/S 访问模式的谈判模型。算法模型通过不同类对象实现,模块之间相互独立,各模块程序的可维护性和可扩展性好,便于今后进一步改善算法程序。

C# 调用 Matlab 工作区计算并返回结果主要使用 engOpen, engClose, engPutVariable, engEvalString, engGetVariable 函数进行操作。例如,计算简单的求和运算的大致过程部分代码如下:

MatlabCSharp. engPutVariable(ep, "ml_a", mx_a); MatlabCSharp. engPutVariable(ep, "ml_b", mx_b); MatlabCSharp. engEvalString(ep, "ml_c = ml_a + ml_b ;"); mx_c = MatlabCSharp. engGetVariable(ep, "ml_c");

5.3.2　Matlab 中混合智能算法

本书中谈判支持系统涉及多个混合智能算法,对于算法的主体计算是在 Matlab 中完成的,并将计算结果传递给 C# 程序。

5.3.3　安全技术

本书采用数据分布式存储,谈判方数据存储在谈判方的客户端,并采用数据库技术进行安全管理。在网络通信中可以采用电子商务通用的加密技术,如数字认证,数字签名等技术。这部分内容在系统原型开发中并未过多涉及,在系统正式版时可予以充分考虑。

5.4　多属性依赖双边谈判支持系统的应用

多属性依赖双边谈判支持系统的应用,主要包括输入输出设计。在输入输出操作中主要包括用户登录、商品信息维护、寻找谈判对手、评价模型训练、谈判结果显示、谈判历史记录以及谈判模型管理输入、输出界面。下面就部分主要应用加以简单介绍。

5.4.1　评价模型输入

谈判双方企业在正式谈判前,要先构建自己的效用评价模型,将自己的效用评价与偏好输入到评价模型中,以便对于协调人提出的谈判提议进行评价。主要通过谈判方代理软件提供的界面进行输入,可以有以下三种方式:

① 采用函数方程评价模型。将效用函数方程按 Matlab 语法格式在对话框中直接编辑输入。

② 采用 TSK 评价模型。根据专家知识给出模糊规则,并将模糊规则集保存为数据表格文件,以导入方式输入。

③ 采用 GD-FNN 评价模型。根据历史或专家知识给出的训练数据集以电子表格文件方式导入。

图5.5所示的是卖方登录谈判代理软件,选用GD-FNN评价模型进行训练与训

练结果返回的输入输出界面。

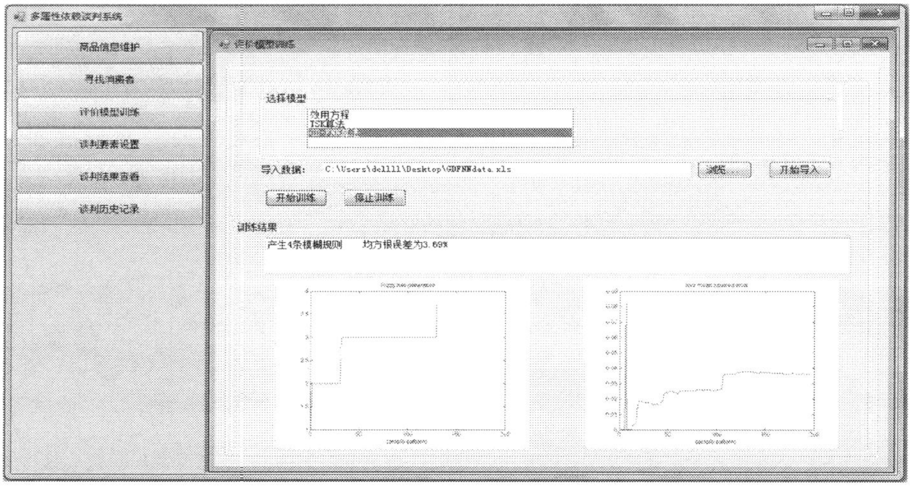

图 5.5 卖方 GD-FNN 的训练界面

5.4.2 谈判要素设置

正式谈判前,谈判双方企业就所要谈判的各个要素进行设置,如谈判商品属性、各属性的取值范围和选择协调模型;最后根据协调人返回的匹配信息进行重新配置或同意开启谈判。图 5.6 为卖方谈判要素设置与谈判开启界面。

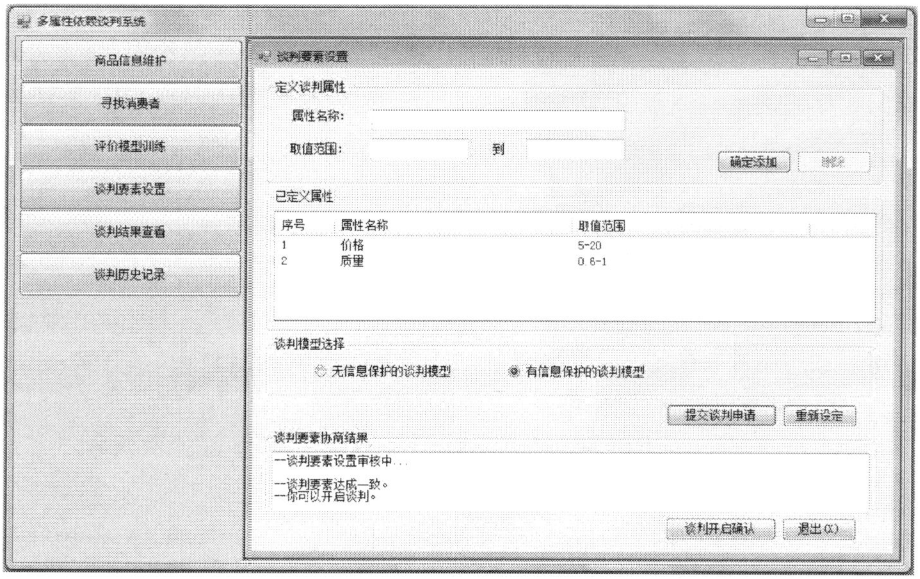

图 5.6 卖方谈判要素设置与谈判开启界面

5.4.3　谈判结果显示

谈判计算终止后，谈判双方可以查看谈判结果，根据谈判结果确定是否同意生成谈判合同；或重新设置谈判要素进行新一轮的谈判；也可以选择放弃本次谈判，以便查找更适合的谈判对手开启新的谈判进程。图 5.7 为卖方谈判结果查看界面。

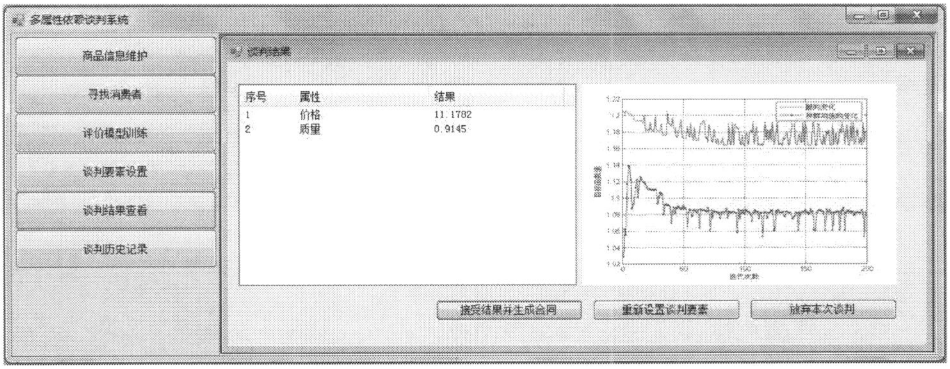

图5.7　卖方谈判结果查看界面

5.4.4　谈判模型管理

系统提供了管理员登录界面，界面中包括用户、商品类别、谈判模型、协调服务、安全与日志管理等输入输出模块。图 5.8 为管理员对谈判模型的维护与管理界面。

由于篇幅限制，上面仅对卖方登录谈判方软件进行应用时的部分输入输出界面进行了说明。买方谈判应用与卖方基本相同，在此不做过多说明。对于协调人软件中的模型管理进行了说明和截图，对于其他应用未展开说明。

5.5　B to B 多属性依赖谈判的应用策略

在当前的 B to B 电子商务中，并没有 B to B 多属性依赖谈判交易方式的应用。本书在应用仿真基础上，给出 B to B 多属性依赖谈判的应用策略，为提升 B to B 电子商务交易的效益，同时实现研究成果的转化应用提供借鉴。

5.5.1　B to B 多属性依赖谈判的应用目标与基本原则

1. B to B 电子商务中多属性依赖谈判的应用目标

在 B to B 电子商务中，采用 B to B 多属性依赖谈判交易方式时，主要参与方分别有：B to B 多属性依赖谈判平台、买方企业、卖方企业，他们主要可以实现以下应用目标：

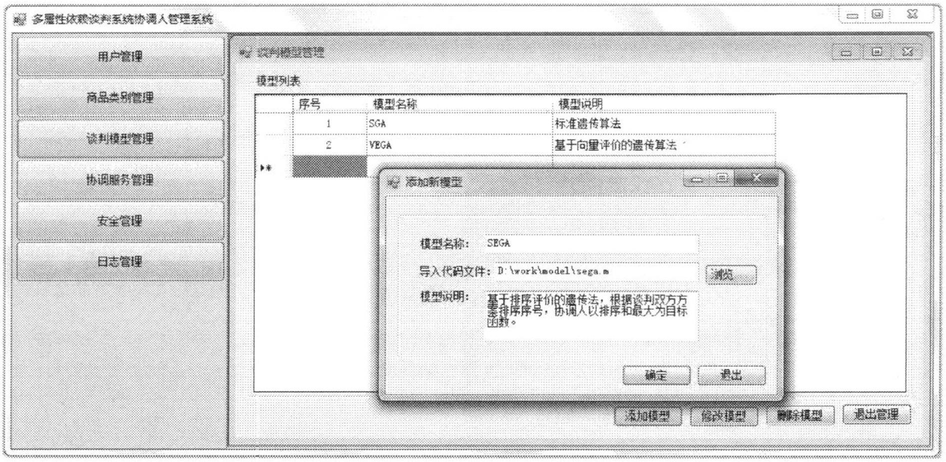

图 5.8　谈判模型维护与管理界面

(1) 多属性依赖谈判中介平台的应用目标。

首先,通过为参与谈判企业提供多属性依赖谈判交易方式的决策支持,提高参与谈判买卖双方企业的收益。其次,通过提供此类服务,创造商业价值,使多属性依赖谈判平台获得合理收益。最后,通过提供此类创新商业交易模式,在 B to B 电子商务中介平台服务中获得竞争优势。

(2) 多属性依赖谈判买方企业的应用目标。

买方企业应用该交易模式主要可以达成增加收益、增加合作机会与提升企业管理水平等应用目标。首先,买方企业在 B to B 电子商务采购中,采用多属性依赖谈判交易方式,可以采购到成本更低、更符合自身需要的商品,从而增加企业的收益。其次,买方企业在应用过程中可以找到与其生产要素配置契合度更高的供应企业,为买卖双方开展进一步的合作增加了机会。最后,由于在谈判过程中,要针对自身的生产经营数据训练神经网络,这就对企业内部管理的信息化水平提出了较高要求,因此对企业的数据处理分析能力有一定要求。训练数据越准确,越符合管理实际,就越能获得更符合企业需要的产品。这将促使企业想办法提高企业管理能力。

(3) 多属性依赖谈判卖方企业的应用目标。

卖方企业在应用 B to B 多属性依赖谈判交易方式时,主要可以实现增加销售收益与销售机会、有利于找到优质合作客户与提高企业内部管理水平等目标。首先,通过 B to B 多属性依赖谈判交易方式,企业销售的商品更能满足客户需求。而且通过订单合并方式的交易可以提升卖方企业的销售量,从而增加卖方企业的销售收益与销售机会。其次,通过 B to B 多属性依赖谈判交易方式,卖方企业可以找到与其生产要素匹配度高的客户,有利于与客户建立长期合作机会。最后,与买方企业一样,卖方企业要用好该交易方式,也需要提升企业信息化与数据分析水平,从而提升企业管理能力。

2. B to B 多属性依赖谈判的应用原则

在B to B电子商务中,采用B to B多属性依赖谈判交易方式时,参与其中的各种角色应遵循一定的原则,以保障各方顺利有效地应用。

(1) 多属性依赖谈判中介平台应当遵循的基本原则。

为保障企业在谈判过程中的权益,提升服务质量,多属性依赖谈判中介平台应遵循如下主要原则:

① 公平性原则。由于多属性依赖谈判平台是基于中介谈判机制设计的,作为中介类平台,对买卖双方提供的服务要一视同仁,采取中立的立场,也就是要保持公正性。只有这样,谈判参与企业才能放心地应用该服务。这也是谈判平台保证生存与发展,所应该遵循的最基本的原则。

② 诚信原则。谈判平台在提供服务的过程中,必须遵循诚信原则。这一原则体现在保证提供谈判结果数据的真实性、谈判企业资质与交易数据的真实性上。这一原则要求平台对参与谈判企业建立较严格的审核机制。

③ 确保信息安全原则。在交易的过程中要保障参与企业效用信息的安全,防止企业敏感信息的泄露等。

(2) 买卖双方应当遵循的基本原则。

在参与多属性依赖谈判过程中,买卖双方为获得更好的收益,需要遵循以下基本原则。

① 真实性原则。在谈判过程中,由于中介谈判机制的特点,以及采用Nash均衡解作为决策依据,所以参与谈判的企业并不存在通过提供虚假效用信息,可以提高自身收益的机理。模型设计符合"激励相容机制",所以参与谈判的企业在谈判过程中,最优的选择是提供真实的效用信息让机器学习。

② 参与谈判的企业同样要遵循诚信原则,配合多属性依赖谈判平台的资格审核与商品信息等其他相关信息的核对。

5.5.2　B to B 多属性依赖谈判中企业的应用策略与措施

为了在B to B电子商务中更好地应用B to B多属性依赖谈判交易方式,参与谈判的企业可以采取一些行之有效的应用策略。本书给出了相应的措施供参与企业在实际应用中借鉴。

1. 谈判企业的应用策略

(1) 企业数字化提升策略。

在B to B电子商务中,运用B to B多属性依赖谈判交易方式,需要企业成功训练GD-FNN神经网络,使之能提炼出代替谈判人进行谈判的模糊规则集。这要求企业在准备数据训练样本时,对企业生产经营的各方面都能提供准确有效的数据,对企业的数字化水平要求较高。因此在运用该系统时,需要企业提高企业数据采集的能力与数据分析的能力。

（2）专业人员的配置策略。

在采用 B to B 多属性依赖谈判交易方式中，参与企业的专业人员的配置要合理才能最大化发挥该交易方式的优势。首先，专业人员的结构配置应合理。需要的专业人员包括：采购或销售领域的专业人员、电子商务交易专业人员、企业数据采集人员、企业数据分析人员、管理决策人员等。其次，对人员素质要求较高。在具体业务实施过程中，对参与人员的知识结构、专业水平与沟通能力等有较高的要求。最后，专业人员的配置方式要合理，一方面要保证专业人员的专业水平；另一方面也要考虑人力资源的成本等因素的平衡。

（3）企业数据资源的整合策略。

在应用 B to B 多属性依赖谈判交易方式中，由于要对企业生产经营要素数据进行整体把握，对企业中的各方面数据资源做到整体了解，因此企业需要具备整合内部各方数据资源的能力。建议企业在整合过程中按照系统性、完整性、真实性、准确性等要求进行整合。

2. 谈判企业的应用措施

在具体应用 B to B 多属性依赖谈判交易方式时，建议采用的措施有：

（1）提高 B to B 多属性依赖谈判交易方式的思想认识。

在 B to B 电子商务中采用新交易模式前，要进行充分的沟通与培训。使参与方认识到新方式的原理与优势，统一团队成员的思想认识。

（2）增加企业信息化与数据分析方向的投入。

在这方面的投入并不完全是为了满足应用新交易模式的需要，同时也是企业提高信息化水平、提高管理决策水平的必经之路。随着大数据技术的推广，企业越来越认识到数据分析的重要作用。在这方面的投入必然会为企业带来收益，也为企业采用 B to B 多属性依赖谈判交易模式提供数据基础。

（3）在人员配置上建议采用符合企业实际的灵活组织方式。

例如，企业为降低人力资源成本可以采用矩阵式组织，从企业现有部门中抽调人员组成临时性组织，负责 B to B 多属性依赖谈判交易方式的应用。如果缺少专业的数据分析人员，可以采用外包或借助外脑的方式进行配置。对于部分无法提供的数据可以资询领域专家等进行完善。

（4）在交易过程中采用合理规划的措施。

无论是在谈判之前的数据训练，在谈判过程中的计算，还是谈判成功后的支付与交货都需要一定的时间周期，所以合理规划交易各环节与步骤显得十分重要。规划应该尽量使交易周期与企业生产经营周期同步。

5.5.3 B to B 多属性依赖谈判应用中可能存在的不足

在 B to B 电子商务中，由于 B to B 多属性依赖谈判的复杂性，以及研究仍处于探索阶段，还存在不完善之处，企业采用 B to B 多属性依赖谈判交易方式可能存在一些不足的地方。主要表现在：

1. 对参与谈判的企业信息化与数据分析水平要求较高

由于涉及企业自行解决机器学习的训练数据准备问题，若企业信息化水平较低或缺乏专业的数据管理人员、管理决策的专家等，则存在企业提供的机器学习训练数据不完全符合企业实际情况的问题，造成运用 B to B 多属性依赖谈判平台交易的收益提升不明显。

2. 谈判过程中的时间间隔与最终结果确定

由于谈判平台采用多边动态的谈判机制，谈判参与企业处于动态变化之中，因此当前给出的匹配商品可能并不是最终的最优交易匹配。随着后加入企业的参与计算，可能出现比当前更优的交易匹配，谈判结束时间与结果的确认，需要谈判决策人的最终决策。

总体来看，随着企业信息化水平的提升，特别是近期大数据分析技术的推广，企业数字化管理水平越来越高；第三方数据分析企业为研发行业提供数据解决方案等服务，降低企业为机器学习提供训练数据的难度，使 B to B 多属性依赖谈判应用具有光明的前景。另外，在领域专家的不断改进与完善下，该电子商务交易方式的应用会取得更大的进展。

5.6　本章小结

本章在 B to B 电子商务中电子采购的一般流程分析基础上，对系统的功能需求进行了分析与设计，应用前面研究中的谈判模型与算法构建了面向 B to B 电子商务的多属性依赖双边谈判支持系统原型。在谈判支持系统中，给出了多种评价模型与协调模型组合的多属性依赖谈判支持模型，使谈判企业可以根据自己的实际情况进行有针对性的选择，为多属性依赖谈判模型在 B to B 电子商务中的实际应用提供借鉴。

第 6 章　多属性依赖谈判模型的拓展研究

6.1　双边谈判模型拓展分析

谈判按参与方的谈判机制可分为:双边谈判、一对多谈判和多对多谈判。通过构造多个并发的双边谈判可以获得一对多谈判,即一对多谈判可以看作双边谈判的拓展。同理,一对多谈判也可以继续拓展成为多对多谈判机制。

6.1.1　一对多、多对多谈判框架的简单描述

图 6.1 给出了一对多谈判模型框架,该模型框架是针对一个买家和多个卖家进行一对多谈判的结构。其中,买家由一个协调者和多个谈判进程组成。在谈判过程中,依据参与谈判的卖家的数量,协调者创建相同数量的谈判进程,由谈判进程将一对多谈判转化为与不同卖家的一对一谈判。将本书的模型拓展到一对多的谈判情况,其中,每个进程可以按图 6.1 所示的谈判模型独立运行。进程之间不需要相互等待,当其中一个进程的谈判双方达成协议时,该谈判进程活动成功结束。对多个进程的协调,可以通过使用耐心协调策略,协调人对当前的结果进行协调,确定最终的谈判方案。在谈判过程中,当一个新的卖家加入到当前谈判中时,协调者对应地建立一个新的谈判进程来满足新的谈判需要。

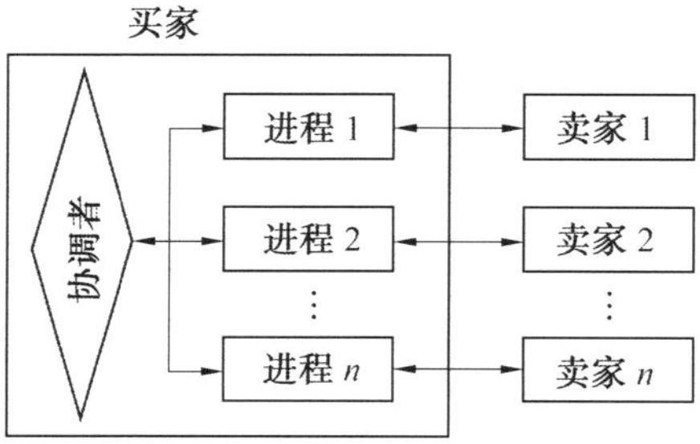

图 6.1　一对多谈判模型框架图

一对多谈判也可以拓展到多对多谈判,即多对多谈判可以看作多个一对多谈判。图 6.2 是一个 3 个买家对 3 个卖家的例子。

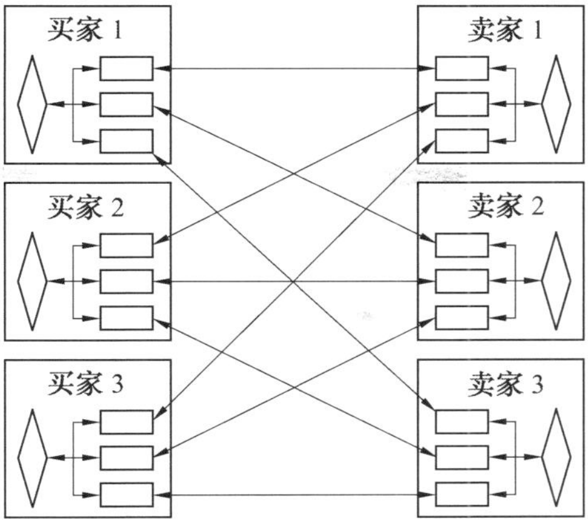

图 6.2　多对多谈判模型框架图

6.1.2　谈判过程描述

对模型进行拓展的主体思想是通过多个双边谈判进程的创建，将一对多谈判转化为多个独立的双边谈判。由于采用了 GD-FNN 效用评价模型，可以快速地给出提议方案的评价，并达成双边的最优谈判方案。为买家选取具有最大效用的方案作为当前的最佳提议，如果后续有比当前更大效用的进程结果出现，则将更大效用进程的结果选为当前最优方案，最终在所有进程谈判终止或达到谈判时间上限时终止谈判。

具体一对多与多对多多属性依赖谈判模型的相关研究将陆续开展，此处仅论述了多属性依赖谈判的可拓展性。由于谈判的多个参与方，在谈判准备阶段就训练完成了用于评价的评价模型，又由于本书提出的多属性依赖双边谈判模型算法具有良好的复杂度，所以在具体的谈判运算中，能够实现快速匹配。该双边谈判模型相对原有的多属性依赖谈判模型较易拓展到多边情况。

6.2　多 Agent 系统的引入

6.2.1　多 Agent 系统

多 Agent 系统（Multi-agent System, MAS）中的主体是 Agent，其相关定义如下。

1. Agent

Agent 最早出现是在 20 世纪 70 年代，是由 Hewitt 首先提出的。随着计算机技术与网络技术的进步，Agent 技术的研究成为计算机以及人工智能领域的热点问题。Shohan 在 1993 年定义 Agent：“如果一个实体可以用信念、承诺、义务、意图等精神状态进行描述,那么该实体可视为一个 Agent。”由于最初研究构建的单个 Agent 模型是为了模拟人类的行为,从精神状态的角度对人的行为进行分析,更符合人类的研究思维,所以该定义被广泛接受认可。之后 Wooldridge 教授提出 Agent 的弱定义,即“Agent 是一个计算实体,它能够感知外界环境的变化,并且能够把握住机会,实现自主运行,完成其设计者和使用者的目标”。

2. MAS

MAS 即多 Agent 系统,是多种可计算的 Agent 的集合体,各个 Agent 充分发挥各自特性,相互协作,相互服务,共同完成一些决策支持任务。每个 Agent 的行动和意图是自主的、独立的,不受其他 Agent 的限制。通过竞争、谈判或协作,各个 Agent 共同实现任务确定的目标。

MAS 的资源是分布式的,计算和任务执行也是分布式的。在一定的知识规则和管理策略下,每个 Agent 通过交互和环境感知,实现 Agent 之间的任务划分、资源分配和行为协调。当前 MAS 面临的主要挑战是:如何在高度不确定和动态的环境中使所有 Agent 协同工作。协作与协商成为该领域研究的核心问题:协作是因为单个 Agent 不能独立地完成目标,需要其他 Agent 的合作才能实现;协商是就某一问题,一组 Agent 通过交流达成双方都能接受的过程。一般情况下,每个 Agent 的目标和利益都不相同,这会导致各个 Agent 之间发生利益冲突。要想改变各个 Agent 的意图,可以通过谈判并建立相应的谈判机制,协调各 Agent,使其适应周围环境,达成共识。

与单 Agent 相比,MAS 具有更大的灵活性和自适应性,更适合开放、动态的环境,因此 MAS 广泛应用于基于 Agent 的电子市场。在电子市场中,许多自主的、智能的 Agent 可以通过合作和竞争共同协作或协商,完成各种市场行为。

6.2.2 多代理系统在谈判中的优势

具有智能性的 Agent,能够帮助使用者完成目标任务或提供相应服务的程序,从属性上可以分为静态 Agent(Static Agent)和移动 Agent(Mobile Agent)。传统的分布式环境中主要应用静态 Agent,静态 Agent 不会发生移动,始终在本主机内工作,当需要与其他 Agent 进行交互时,可以通过网络实现远程通信来获取资源,在此过程中 Agent 需要一直使用网络,其他 Agent 不能使用网络资源,网络利用率很低,静态 Agent 工作效率不高。现代移动机算环境中,网络很不稳定,Agent 获取资源不可能一直占用网络,因此出现了移动 Agent。在异构网络环境工作时,移动 Agent 可以在机器上移动执行,即移动 Agent 如果在一台机器上暂停执行,可以将其在本台机器的执行代码、数据和运行状态等信息打包,通过网络传输到另一台机器上,在这台机器上从它的暂停点处接着执行。此外,移动 Agent 可以根据具体任务派生出子 Agent,以便更有效地、分布地处理该任务的问题。由于子 Agent 和父 Agent 具有相同的性质,移动 Agent 可以在不同机器上以协同的方式共同执行特定的任务。在移动 Agent 所在的机器上,它还可以与该机器上的静态 Agent 进行交流和合作,共同完成某项目标任务。

移动 Agent 除了具有一般 Agent 的全部属性特征外,还具有以几个特点:

1. 移动性

在开放式网络中,移动 Agent 可以在多台主机间移动,能够直接在对方的服务器中获取信息资源,同时不占用网络资源,即便网络断开,也可以正常工作,直到任务完成,再通过网络携带结果返回本地主机。因此在移动工作时并不全程占用网络,多 Agent 可以异步并行操作,提高了网络资源利用率,也提高了任务执行的效率。

2. 异步操作性

移动 Agent 可以独立于用户和其他 Agent 执行自己的操作。它可以从某一站点被发送出去,到达另一站点后被激活,异步、自主地进行操作。它还可以对派生出的子 Agent 进行合作求解和管理控制,实现分布式任务的动态并行计算。

3. 适应性

移动 Agent 在工作时,可以根据环境的变化进行相应的改变。特别是针对当前开放式网络,网络拥塞严重,移动 Agent 能够适应网络环境变化,减少网络占用时间,间断进行操作。

6.3　多边谈判机制

本书将多代理系统引入到 B to B 多属性依赖谈判机制构建中,充分发挥智能 Agent 的先进特性,为构建基于中介的多边谈判机制创造了条件。

本书引入多 Agent 系统(MAS) 改进传统谈判机制,从双边多属性谈判拓展到一对多的多属性谈判,再到多边多属性谈判,如图 6.3、6.4 与 6.5 所示。图 6.3 即一对一双边谈判;图 6.4 中将一对多谈判转化为 p_1 到 p_N 的 N 次双边谈判;而在图 6.5 所示的多对多谈判框架中,将多对多谈判转化为 $p_M * p_N$ 的 $M * N$ 对的双边谈判框架。由于 MAS 机制的应用,使云服务的计算与存储能力得到了充分利用,使多边多属性谈判的复杂度得到简化,并通过仿真得到较好的应用效果。

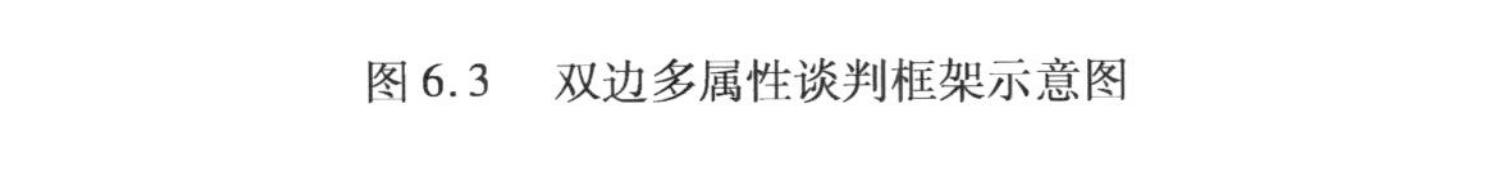

图 6.3　双边多属性谈判框架示意图

图 6.4　一对多谈判框架示意图

图 6.5　多对多谈判框架示意图

6.4　本章小结

在本章,分析了双边谈判模型到一对多、多对多谈判模型的拓展,并引入多 Agent 系统到多边谈判机制中,从而可以充分利用云服务的计算与存储能力,使多边多属性谈判的复杂度得到简化。

结　论

B to B 电子商务中多属性依赖谈判的研究是谈判领域的研究热点，而多属性依赖的谈判模型及求解算法是研究中的难点问题。由于该问题的复杂性，原有方法仍受到诸如应用性、私有信息保护、复杂度与可拓展性等方面的制约。本书采用协调人谈判机制，运用混合智能计算技术构建了基于多属性依赖的双边谈判模型，并给出直接求解的混合智能算法。进一步，放松了协调人公正性假设，构建了私有信息保护的多属性依赖双边谈判模型，并通过计算机仿真技术验证了模型及算法的正确性与有效性。本书的主要研究工作如下：

①构建了基于混合智能算法的 B to B 电子商务中多属性依赖双边谈判模型。运用基于 GD-FNN/GA 的混合智能算法技术结合企业多属性依赖谈判实际构建了直接协调的谈判模型。运用 GD-FNN 来进行效用评价，替代 GA 中适应度评价的显示方程，并运用遗传操作求解谈判最优解。此种模型在谈判相关文献中还没有引用过，是一种应用创新。特别是由于 GD-FNN 网络结构具有动态自适应性、模糊系统的等价性、较好的计算适应性等优良特性，从而使谈判模型及算法的复杂度与求解速度不会随属性的增加而出现较大变化。模型可以通过多个双边谈判进程的创建，将一对多或多对多谈判转化为多个独立的双边谈判，为模型的进一步拓展研究预留了空间。

②放松了原有模型协调人公正性假设约束。在现实的电子市场中很难保证谈判参与人的“诚信”，谈判协调人的公正性也常常遭到质疑。因此，本书将模型改进为考虑谈判人私有信息保护的谈判模型（GD-FNN/VEGA 模型）。该模型中谈判人不需要向协调人揭露自己的效用偏好，而是针对谈判协调人提议方案集给出选择的结果集，使谈判人的私有信息得到一定程度的保护。最后通过仿真算例进行了验证。本部分的研究，放松了现有谈判模型研究中协调人公正性假设约束，这在现有的谈判相关文献中很少见到，是对谈判模型理论创新的一次尝试，是对多属性依赖谈判模型的改进与完善。

③B to B 电子商务中采用多属性依赖谈判支持系统进行采购或销售，是对原有电子商务模式的创新，企业可以更好地通过 B to B 电子商务平台选择符合自己复杂效用的多属性依赖谈判方式，提高谈判效率与收益，满足谈判双方对多属性谈判提出的新需求。由于在现实的 B to B 电子商务中没有多属性依赖谈判模式的实际应用，本书运用计算机仿真技术来验证模型的正确性与有效性，并通过 C# 与 Matlab 混合开发技术设计和开发了 B to B 电子商务中多属性依赖谈判支持系统原

型,从而为进一步模拟真实电子商务应用环境、提供应用反馈数据与信息,以及模型与算法的进一步完善提供支持。

由于多属性依赖谈判的复杂性,在有限资源情况下,书中的有些问题有必要做进一步的研究和解决。首先是知识提取与非线性效用方程的逼近问题。知识提取一直是人工智能方向的前沿与难点,本书所用方法在精度与实用性上还有待进一步的提高。其次是决策方法的深入研究。如何实现在考虑社会福利最大化的前提下兼顾公平性是下一步的研究核心。最后是对求解算法的进一步改进。如果存在多组最优解,原有算法求解效率会降低,所以高效求解多个最优解的求解方法是值得进一步研究的内容。此外,将多属性依赖双边谈判拓展到多属性依赖多边谈判也是未来的研究方向之一。

参考文献

[1] 曾子明,余小鹏.电子商务推荐系统与智能谈判技术[M].武汉:武汉大学出版社,2008.

[2]KLEIN M,FARATIN P,SAYAMA H,et al. Protocols for negotiation complex contracts[J]. IEEE Intelligent Systems,2003,18(6):32-38.

[3]BAC M, RAFFB H. Issue-by-issue negotiations: The role of information and time preference[J]. Games & Economic Behavior, 1996, 13(1):125-134.

[4]EHTAMO H, HEISKANEN P, TEICH J E, et al. Generating Pareto solutions in a two-party setting: Constraint proposal methods[J]. Management Science, 1999, 45(12):1697-1709.

[5]BUSCH L A, HORSTMANN I J. Endogenous incomplete contracts: A bargaining approach[J]. Canadian Journal of Economics, 1999, 32(4):956-975.

[6]姜丽, 刘大有, 欧阳继红,等. 增量式双边多属性自动协商策略[J]. 吉林大学学报(理学版), 2007, 45(6):966-970.

[7]GREGG D,WALCZAK S. E-commerce auction agents and online-auction dynamics[J]. Electronic Markets, 2012, 13(3):242-250.

[8] 王黎明, 李琨. 基于GAI多属性依赖的协商模型[J]. 模式识别与人工智能, 2008, 21(5):569-576.

[9]MAYER M, NUSSWALD M. Improving manufacturing costs and lead times with quality-oriented operating curves[J]. Journal of Materials Processing Technology, 2001, 119(1):83-89.

[10] KALAKOTA R, ROBINSON M. E-business 2.0: Roadmap for success[M]. Upper Saddle River:Addison-Wesley Publishing Co. Inc. , 2001.

[11]TURBAN E. Electronic commerce:A management perspective[M]. Englewood Cliffs:Prentice Hall,1999.

[12]WEILL P,VITALE M. From place to space:Migrating to atomic E-business models[M]. Boston:Harvard Business Review Press,2001.

[13] 蔡斌. 基本B to B与深度B to B电子商务采纳意图影响因素比较研究[D].上海:复旦大学,2006.

[14]PINKER E J, SEIDMANN A, VAKRAT Y. Managing online auctions: Current

business and research issues[J]. Management Science, 2003, 49(11):1457-1484.

[15]LIKHODEDOV A, SANDHOLM T. Methods for boosting revenue in combinatorial auctions[C]// FERGUSON G. Proceedings of the Nineteenth National Conference on Artificial Intelligence, Sixteenth Conference on Innovative Applications of Artificial Intelligence. Santa Barbara: DBLP, 2004.

[16]ROTH A E. Repugnance as a constraint on markets[J]. Journal of Economic Perspectives, 2007, 21(3):37-58.

[17] 唐亮贵. 基于多 Agent 的电子商务市场结构及交易模型研究[D]. 重庆:重庆大学,2009.

[18] 张莹. 招标投标理论与实务[M]. 北京:中国物资出版社,2003.

[19]BLASMEIER P W,WENDELL J V. Supply chain management : A time-based strategy[J]. Industrial Management,2003,8(2):31-35.

[20]FOOT M,JEFECOAT R,BARRATT M D, et al. Combinatorial and quantity-discount procurement auctions benefit mars, incorporated and its suppliers[J]. Interfaces, 2003, 33(1):23-35.

[21] 张余文. 药品集中招标采购与第三方电子交易平台[J]. 经济管理, 2005(7):17-18.

[22] 鲁耀斌, 吴以平,张金隆. 网上招标采购平台中供应商管理系统的设计与实现[J]. 计算机工程与应用, 2001, 37(23):61-63.

[23] 鲁耀斌, 任志明, 张金隆. Internet 环境下招标采购系统研究[J]. 计算机工程与应用, 2001, 37(23):57-60.

[24]BANKS J S, LEDYARD J O, PORTER D P. Allocating uncertain and unresponsive resources: An experimental approach[J]. Rand Journal of Economics, 1989, 20(1):1-25.

[25]LEDYARD J O, PORTER D, RANGEL A. Experiments testing multiobject allocation mechanisms[J]. Journal of Economics & Management Strategy, 2010, 6(3):639-675.

[26]SCHNIZLERAABA B. Trading grid services—A multi-attribute combinatorial approach[J]. European Journal of Operational Research, 2008, 187(3):943-961.

[27] LESKELÄ R L, TEICH J E, WALLENIUS H, et al. Decision support for multi-unit combinatorial bundle auctions[J]. Decision Support Systems, 2007, 43(2):420-434.

[28]TEICH J E, WALLENIUS H, WALLENIUS J, et al. A multi-attribute e-auction mechanism for procurement: Theoretical foundations[J]. European

Journal of Operational Research, 2006, 175(1):90-100.

[29] 黄河，陈剑．政府采购组合拍卖机制[J]．重庆大学学报（自然科学版），2006, 29(6):140-143.

[30] VICKREY W. Counterspeculation, auctions, and competitive sealed tenders[J]. Journal of Finance, 2012, 16(1):8-37.

[31] MCAFEE R P, MCMILLAN J. Analyzing the airwaves auction[J]. Journal of Economic Perspectives, 1996, 10(1):159-175.

[32] 陈剑，陈熙龙，宋西平．拍卖理论与网上拍卖[M]．北京：清华大学出版社，2005.

[33] JENNINGS N R, FARATIN P, LOMUSCIO A R, et al. Automated negotiation: Prospects, methods and challenges[J]. Journal of Group Decision and Negotiation, 2001, 10(2):199-215.

[34] 韩伟．电子市场环境下的多智能体学习与协商[D]．上海：华东师范大学，2006.

[35] 姜丽．多 Agent 协商研究[D]．长春：吉林大学，2007.

[36] RAIFFA H. The art and science of negotiation[M]. Cambridge, MA: Harvard University Press, 1982.

[37] OSBORNE M J, RUBINSTEIN A. A course in game theory[M]. Cambridge, MA: MIT Press, 1994.

[38] NASH J. Non-cooperative games[J]. Annals of Mathematics, 1951, 54(2):286-295.

[39] RUBINSTEIN A. Perfect equilibrium in a bargaining model[J]. Econometrica, 1982, 50(1):97-109.

[40] FISHBURN P C, RUBINSTEIN A. Time preference[J]. International Economic Review, 1982, 23(3):677-694.

[41] ORDOVER J A, RUBINSTEIN A. A sequential concession game with asymmetric information[J]. Quarterly Journal of Economics, 1986, 101(4):879-888.

[42] FERSHTMAN C. The importance of the agenda in bargaining[J]. Games & Economic Behavior, 1990, 2(3):224-238.

[43] BACA M, RAFFB H. Issue-by-issue negotiations: The role of information and time preference[J]. Games & Economic Behavior, 1996, 13(1):125-134.

[44] WEINBERGER C J. Selective acceptance and inefficiency in a two-issue complete information bargaining game[J]. Games & Economic Behavior, 2000, 31(2):262-293.

[45] CHEN M K. Agendas in multi-issue bargaining: When to sweat the small

stuff[R]. Cambridge, MA: Harvard Department of Economics, 2002.
[46] 罗中函. 非合作 n 人对策的解[J]. 西南师范大学学报(自然科学版), 1992(4):438-442.
[47] 曹永强, 曲晓飞. 不完全信息的多人多目标资源分配协商对策[J]. 大连理工大学学报, 1996(4):520-525.
[48] 王愚, 达庆利. 一种多目标的斯坦克尔伯格模型[J]. 管理工程学报, 2003, 17(1):17-19.
[49] RAITH M G. Fair-negotiation procedures[J]. Mathematical Social Sciences, 2000, 39(3):303-322.
[50] BRAMS S J, TAYLOR A D. Fair division from cake-cutting to dispute resolution[M]. Cambridge, MA: Cambridge University Press, 1996.
[51] SYCARA K. Utility theory in conflict resolution[J]. Annals of Operations Research, 1988, 12(1):65-83.
[52] SYCARA K P. Problem restructuring in negotiation[J]. Management Science, 1991, 37(10):1248-1267.
[53] FATIMA S S, WOOLDRIDGE M, JENNINGS N R. An agenda-based framework for multi-issue negotiation[J]. Artificial Intelligence, 2004, 152(1):1-45.
[54] FARATIN P, SIERRA C, JENNINGS N R. Negotiation decision functions for autonomous agents[J]. Robotics & Autonomous Systems, 1998, 24(3-4):159-182.
[55] ČOPIČ C, PONSATÍ C. Robust bilateral trade and mediated bargaining[J]. Journal of the European Economic Association, 2008, 6(2-3):570-580.
[56] OSBORNE M J, RUBINSTEIN A. A course in game theory[M]. Cambridge, MA: MIT Press, 1994.
[57] YOUNG O R. Bargaining: Formal theories of negotiation[M]. Urbana: University of Illinois Press, 1975.
[58] PARSONS S, SIERRA C, JENNINGS N. Agents that reason and negotiate by arguing[J]. Journal of Logic and Computation, 1998, 8(3):261-292.
[59] 郭庆, 陈纯. 基于整合效用的多议题协商优化[J]. 软件学报, 2004, 15(5):706-711.
[60] 彭志平, 彭宏, 郑启伦. 一种双边多议题自治协商模型的研究[J]. 电子与信息学报, 2007, 29(3):733-738.
[61] 陈培友, 李一军, 高太光. 基于Kuipers定性仿真算法的多议题谈判模型研究[J]. 中国管理科学, 2011, 19(3):158-165.
[62] 董婷婷, 冯玉强. 基于辩论的谈判解支持研究[J]. 预测, 2009,

28(2):76-80.

[63] 王海，李一军，侯新培. 基于 Agent 的电子商务自动谈判系统研究[J]. 系统工程理论与实践，2005，25(11):14-19.

[64] 韩雪，冯玉强. 基于案例推理的谈判支持系统的研究[J]. 控制与决策，2008，23(7):791-794.

[65] 路杨. 面向电子商务的一对多谈判支持系统研究[D]. 哈尔滨:哈尔滨工业大学,2007.

[66] 尚维，李一军. 多方 - 多属性电子商务谈判支持系统研究[J]. 管理学报，2007，4(3):279-283.

[67] 柴玉梅，谷明，王黎明. 基于效用图的依赖关系与协商策略研究[J]. 计算机工程与设计，2010，31(3):586-590.

[68] GMYTRASIEWICZ P J, NOH S, KELLOGG T. Bayesian update of recursive agent models[M]. Amsterdam:Kluwer Academic Publishers, 1998.

[69] LIN R J, CHOU S C T. Mediating a bilateral multi-issue negotiation[J]. Electronic Commerce Research & Applications, 2005, 3(2):126-138.

[70] RAIFFA H. The art and science of negotiation[M]. Cambridge, MA:Harvard University Press,1982.

[71] 李玥,冯玉强,王衍华,等. 遗传算法在网上谈判支持系统中的应用研究[J]. 系统工程理论与实践，2002，22(6):87-92.

[72] 雷英杰,张善文,李续武,等. Matlab 遗传算法工具箱及应用[M]. 西安:西安电子科技大学出版社,2005.

[73] 伍世虔,徐军. 动态模糊神经网络 —— 设计与应用[M]. 北京:清华大学出版社,2008.

[74] FAUSETT L. Fundamentals of neural networks[M]. Englewood Cliffs: Prentice Hall,1994.

[75] WANG L X. A course in fuzzy systems and control[M]. Englewood Cliffs: Prentice Hall,1997.

[76] WU S, MENG J E, GAO Y. A fast approach for automatic generation of fuzzy rules by generalized dynamic fuzzy neural networks[J]. IEEE Transactions on Fuzzy Systems, 2000, 9(4):578-594.

[77] RAMASAMY J V, RAJASEKARAN S. Artificial neural network and genetic algorithm for the design optimizaton of industrial roofs —A comparison[J]. Computers & Structures, 1996, 58(4):747-755.

[78] 李国勇. 智能预测控制及其 Matlab 实现[M]. 2 版. 北京:电子工业出版社,2010.

[79] 刘金琨. 智能控制[M]. 2 版. 北京:电子工业出版社,2009.

[80] 曲弘. 基于不同函数的质量成本数学模型评析[J]. 辽东学院学报(自然科学版), 2007, 14(2):103-106.
[81] 方毅. 股市行为特征研究[D]. 长春:吉林大学,2008.
[82] 林正龙. 项目投资定价与择时理论研究[D]. 长沙:湖南大学,2000.
[83] LEVITIN A. 算法设计与分析基础[M]. 潘彦, 译. 北京: 清华大学出版社,2007.
[84] 孙天昊. 电子商务中一对多协商研究[D]. 重庆:重庆大学,2008.
[85] 陈正伟. 使用MATLAB引擎库函数实现.NET下调用MATLAB[J]. 中国新通信, 2008(13):14-19.
[86] 王高飞,李梅. 电子商务中多属性依赖谈判模型近期研究综述[J]. 商业时代,2013(17):55-56.
[87] 王高飞,李梅,李懿. 电子商务交易模式综述[J]. 商业时代,2012(36):32-33.
[88] 王高飞,邓立治,田金信. 基于混合智能算法的非线性双边多属性谈判模型[J]. 运筹与管理,2011,20(03):38-45 + 52.
[89] 王高飞,邓立治,田金信,等. 基于 BPNN-GA 算法的双边多属性谈判求解[J]. 武汉理工大学学报(信息与管理工程版),2011,33(02):320-324.
[90] 王高飞,李明. 黑龙江省虚拟有机农场模式构建及保障机制研究[J]. 科技管理研究,2017,37(04):187-191.
[91] WANG G F, LI M, TIAN J X, et al. Studies on the winner-determination model in e-procurement based on combinatorial multi-attribute bidding and bid[C]. Harbin: International Conference on Logistics Systems & Intelligent Management,2010.